DO AMOR FRATERNO

O livro é a porta que se abre para a realização do homem.

Jair Lot Vieira

PLUTARCO

Do amor fraterno

TRADUÇÃO, INTRODUÇÃO E NOTAS
MARIA APARECIDA DE OLIVEIRA SILVA
Graduada em História, Mestre em História Econômica
e Doutora em História Social (USP)
Pós-Doutora em Estudos Literários (Unesp)
Pós-Doutora em Letras Clássicas (USP)

Copyright da tradução e desta edição © 2019 by Edipro Edições Profissionais Ltda.

Título original: *De fraterno amore. Moralia.* v. III. Traduzido do grego a partir do texto editado por M. Polenz, publicado pela Teubner, Leipzig, em 1972.

Todos os direitos reservados. Nenhuma parte deste livro poderá ser reproduzida ou transmitida de qualquer forma ou por quaisquer meios, eletrônicos ou mecânicos, incluindo fotocópia, gravação ou qualquer sistema de armazenamento e recuperação de informações, sem permissão por escrito do editor.

Grafia conforme o novo Acordo Ortográfico da Língua Portuguesa.

1ª edição, 2019.

Editores: Jair Lot Vieira e Maíra Lot Vieira Micales
Coordenação editorial: Fernanda Godoy Tarcinalli
Tradução, introdução e notas: Maria Aparecida de Oliveira Silva
Revisão: Márcia Men
Diagramação e Arte: Karine Moreto de Almeida

Dados Internacionais de Catalogação na Publicação (CIP)
(Câmara Brasileira do Livro, SP, Brasil)

Plutarco, 40-120 d.C.

    Do amor fraterno / Plutarco ; tradução, introdução e notas Maria Aparecida de Oliveira Silva. – São Paulo : Edipro, 2019.

    Título original: Περὶ φιλαδελφίας (*Peri philadelphías*).

    ISBN 978-85-521-0067-6

    1. Filosofia grega antiga 2. Plutarco – Crítica e interpretação I. Silva, Maria Aparecida de Oliveira. II. Título.

19-26945   CDD-180

Índice para catálogo sistemático:
1. Plutarco : Filosofia antiga : 180

Maria Alice Ferreira – Bibliotecária – CRB-8/7964

São Paulo: (11) 3107-4788 • Bauru: (14) 3234-4121
www.edipro.com.br • edipro@edipro.com.br
@editoraedipro   @editoraedipro

SUMÁRIO

INTRODUÇÃO, 7

DO AMOR FRATERNO, 21

BIBLIOGRAFIA, 73

Introdução

o amor fraterno ou Περὶ φιλαδελφίας (*Perì philadelphías*) é um tratado de Plutarco oferecido aos irmãos Nigrino e Quieto, que são considerados modelares para o seu discurso sobre como deve ser a relação entre irmãos. Plutarco traça uma extensa reflexão sobre a natureza do amor fraterno. A argumentação plutarquiana apoia-se em textos filosóficos, em exemplos históricos, trágicos e principalmente míticos. Neste tratado podemos conhecer diversos mitos do mundo grego e sua influência no imaginário dos romanos, como é o caso do mito de Leucótea. Plutarco redige seu tratado observando elementos característicos da arte retórica, com um argumento e seu desenvolvimento de modo enfático e persuasivo.[1] Inicia sua argumentação tratando da importância da união entre os irmãos e da responsabi-

---

[1] Para uma leitura a respeito do uso da arte retórica à época plutarquiana, consultar: Plutarco. *Da malícia de Heródoto. Estudo, tradução e notas de Maria Aparecida de Oliveira Silva.* São Paulo: Edusp, 2013. p. 29-30.

10 | Introdução

lidade que os pais exercem nesta relação. Em seguida, analisa circunstâncias em que os irmãos podem estabelecer amizade ou inimizade entre si.

É interessante notar que Plutarco parte de dois conceitos básicos para elaborar sua discussão: o de φιλαδελφία (*philadelphía*), ou seja, "amor fraterno" (478B) e o de μισαδελφία (*misadelphía*) ou "ódio fraterno" (478C). E para dar sentido ao seu pensamento binário, Plutarco serve-se da própria natureza do corpo humano para iniciar sua argumentação a respeito do seu conceito de virtude fraternal, que se reflete na ação de um irmão amar o outro. Desse modo, afirma que:

> Na verdade, não muito distante, a natureza coloca-nos o exemplo da utilidade dos irmãos, mas, no mesmo corpo, a maior parte das necessidades é planejada para a atuação em dupla, irmãs e semelhantes, como as mãos, os pés, os olhos, os ouvidos e os narizes; ela ensinou que eles existem para salvação e cooperação em comum, que não os estabeleceu assim para divergência e luta. As próprias mãos, divididas em muitos e desiguais dedos, mostram-se os mais ajustados e engenhosos de todos os órgãos, a ponto de Anaxágoras, o antigo, atribuir às mãos a causa da sabedoria e da inteligência humanas. (*Do amor fraterno*, 478D-E)

Portanto, vemos que a φιλαδελφία (*philadelphía*), ou seja, "amor fraterno", é algo natural entre os irmãos e que a μισαδελφία (*misadelphía*), ou "ódio fraterno", representa um sentimento que vai contra a natureza, um conceito muito importante aos filósofos naturalistas gregos, representado pela expressão παρὰ φύσιν (*parà phýsin*), literalmente: "contra a natureza". Outro aspecto interessante no discurso plutarquiano é que o sentimento de φιλαδελφία (*philadelphía*), ou seja, "amor fraterno", não é semelhante ao de φιλία (*philía*), isto é, ao de "amizade", pois o amor fraterno também é uma amizade natural, porque é a base para a força e a saúde da família. Como vemos em seu tratado *Da abundância de amigos*, a amizade com estranhos está embasada em princípios como a virtude, a intimidade e a utilidade, que, como vimos, são sentimentos inatos aos irmãos, diferente da relação construída com os outros:

> Visto que a verdadeira amizade busca, sobretudo, três coisas: a virtude como algo belo, a intimidade como algo doce e a utilidade como algo necessário (pois devemos aceitar um amigo depois de avaliá-lo, ter alegria em sua companhia, ser-lhe útil quando necessita, que todas essas coisas são contrárias à abundância de amigos, e o mais importante é, sobretudo, o discernimento) [...] (*Da abundância de amigos*, 94B)[2]

Desse modo, a amizade é uma relação construída ao longo do tempo. Não é da mesma espécie do sentimento natural que une os irmãos desde o seu nascimento, por sua origem, por sua convivência que se materializa na educação[3] comum, na vivência de experiências semelhantes desde a tenra infância, porque a amizade nasce pela afinidade de caráter, e esta não é comum a todos. Em vista disso, Plutarco afirma que:

---

[2] Plutarco. *Da abundância de amigos*. Tradução, introdução e notas de Maria Aparecida de Oliveira Silva. São Paulo: Edipro, 2015.

[3] Sobre a concepção plutarquiana de educação, consultar: Timothy Duff, "Models of education in Plutarch". In: *The Journal of Hellenic Studies*, v. 128, 2008, p. 1-26.

a amizade procura por um caráter estável, constante e imutável, que está em apenas um lugar e em apenas uma convivência; por isso também o amigo constante é raro e difícil de ser encontrado. (*Da abundância de amigos*, 97B)

A amizade é algo voltado para a conveniência principalmente da vida pública, que se reflete na vida privada sob o viés da riqueza pessoal e das relações interpessoais, mas não no âmbito familiar, no amor entre os irmãos, e entre pais e filhos, marido e mulher,[4] tios e sobrinhos, avôs e netos. Segundo Plutarco, o amor fraterno é um sentimento que sustenta todas essas relações, que mantém a família unida e próspera. A profundidade do sentimento de amor fraterno é maior porque se trata de uma relação externa, por não ter a naturalidade conferida pela consanguinidade. Por isso não há a necessidade de construí-la, a própria natureza já se encarregou disso. Dessa forma, a amizade com estranhos tem sua face artificial, embora esteja inserida em uma vontade natural do ser humano. E assim Plutarco define o sentimento de amizade:

A amizade é um animal que gosta de ter a companhia de outros, mas que não pertence a um rebanho nem se assemelha a uma gralha; e pensar que o amigo é como outro ser em si mesmo e chamá-lo de "companheiro", como se fosse "outro", não é nada além de utilizar a díade como a medida da amizade. Pois não é possível comprar nem muitos escravos nem amigos com uma moeda pequena.

---

[4] O casamento é uma instituição muito importante na concepção plutarquiana de sociedade. Para mais detalhes sobre seu pensamento, consultar: Georgia Tsouvala, "Love and Marriage". In: Beck, M. (Ed.). *A companion to Plutarch.* Oxford/ Massachusetts: Blackwell, 2014. p. 191-206.

O que é, portanto, a moeda da amizade? A benevolência e a graça em companhia da virtude, a natureza não tem nada mais raro que elas. Por isso, ter uma amizade forte e ser querido como amigo não é possível que ocorra para muitos, mas, assim como os rios, quando têm muitas divisões e são entrecortados, correm sem força e estreitos, assim é, por natureza, ter uma amizade forte na alma que, ao ser dividida entre muitos, perde a sua força natural. (*Da abundância de amigos*, 93E-F)

Quanto à possibilidade de compra de um amigo ou de um aliado,[5] Plutarco retoma esse raciocínio em seu tratado destinado à discussão sobre quem é o bajulador e quem é o amigo, afirmando que:

Pois é difícil, nessa circunstância de necessidade dos amigos, a percepção de que não tem amigos, de que não tem como trocar um incerto e desonesto por um certo e honesto. Mas, tal como uma moeda, um amigo deve ser testado antes que se tenha necessidade dele, para que não seja posto à prova sob necessidade. Pois não é para perceber depois de ter sido prejudicado, mas a fim de que não seja prejudicado por ter tido a experiência e a compreensão de que seja um bajulador; a não ser que soframos o mesmo que aqueles que experimentam em si para colocar à prova os venenos mortais, destruindo e enfraquecendo a si próprios para alcançar esse julgamento. (*Como distinguir o bajulador do amigo*, 49D-E)

---

[5] Sobre a relação de amizade e política entre gregos e romanos, ver o capítulo: "Plutarco e os romanos". In: *Plutarco e Roma: o mundo grego no Império*. Maria Aparecida de Oliveira Silva. São Paulo: Edusp, 2014.

Por tais conclusões, Plutarco aconselha que os irmãos usufruam do sentimento de amizade inato a eles, para que não incorram no erro de concedê-la ilusoriamente a um estranho:

Pois a própria necessidade de acolher e procurar uma amizade e uma companhia ensina a honrar, respeitar e proteger o consanguíneo, porque não podemos viver por natureza sem amigos, fora do convívio social e solitários. De onde Menandro corretamente afirma:

não nos lugares das bebidas e das ações indolentes de
[cada dia,
procuramos em quem confiar as coisas da nossa vida,
pai. Não em vão cada um pensa encontrar
um bem, quando tem a sombra de um amigo?

Pois sombras são na realidade a maior parte das amizades, imitações e imagens daquela primeira, que a natureza coloca nos pais para os seus filhos e nos irmãos para os irmãos, o que não a venera nem a honra, vê se dá algo confiável de boa vontade a estranhos, ou qual é a natureza daquele que declara seu irmão como companheiro nas saudações gentis e nas cartas, e não pensa que precisa trilhar o mesmo caminho com o seu irmão. (*Do amor fraterno*, 479C-D)

Então, φιλαδελφία (*philadelphía*), "amor fraterno", difere de φιλία (*philía*), "amizade", por natureza, uma vez que esta é a sombra daquele. No entanto, a natureza necessita da colaboração humana, apesar de o amor ao irmão ser algo natural, se os filhos não virem seus pais respeitarem seus próprios irmãos, de modo algum será possível amar o seu irmão:

Portanto, com relação aos pais, o amor fraterno é dessa natureza, de modo que amar um irmão é a demonstração imediata de que ama o pai e a mãe; com relação aos filhos, por sua vez, que não existe nenhuma outra coisa como a lição e o exemplo de amor fraterno; também ao contrário, um perverso, por sua vez, tal como se recebesse o ódio ao irmão de uma cópia paterna. Aquele que envelhece em processos e disputas contra seus irmãos, e depois exorta seus filhos a estar em consonância, "médico dos outros, quando tu mesmo estás coberto de chagas", torna o seu discurso fraco por meio de suas ações. (*Do amor fraterno*, 480F-481A)

Ainda que seus pais ensinem o amor fraterno, deem-lhe o exemplo com suas próprias ações, Plutarco reconhece que existe outro impeditivo: a questão do caráter. Pode ocorrer de um irmão ter um caráter ruim; por tal motivo nosso autor pergunta: "O que então deve fazer, alguém diria, aquele que tem um irmão maldoso?" (481E). Então Plutarco aconselha o irmão virtuoso a tratá-lo com benevolência e "a tolerar mais os seus males que experimentar os dos estranhos" (482A). Outro motivo para que os irmãos entrem em conflito ocorre quando seus pais morrem, pois a divisão dos bens é um processo desgastante entre os irmãos, principalmente quando não é equânime. Em face disso, Plutarco recomenda:

Sem dúvida, após a morte do pai, deve se unir ao irmão mais que antes, é correto que esteja em estado de benevolência com ele, logo nesse momento, chorar junto com ele e afligir-se com ele, compartilhando a sua ternura; e repelindo a suspeição dos servos e a acusação dos companheiros que se agregam com os outros, e confiando nos episódios que contam sobre o amor fraterno próprio dos Dióscoros,

16 | INTRODUÇÃO

> que Polideuces matou um homem que murmurou algo contra seu irmão, depois de tê-lo atingido com um soco. Quanto à distribuição dos bens paternos, que não declarem guerra uns contra os outros, tal como a maioria, "ouve, Álala, filha de Pólemon", vem completamente armado [...] (*Do amor fraterno*, 483C-D)

No entanto, se a partilha equânime for impossível, Plutarco sugere que os irmãos compartilhem seus bens, pois cada vantagem será dividida entre eles (484B). A questão da herança, da necessidade de que se tenha filhos para que outros herdem seus bens também é discutida por Plutarco em seu tratado *Do amor aos filhos*:

> Assim, embora muitos tenham numerosos amigos e veneradores, quando lhes nasce um filho, eles se tornam sem amigos e impotentes.
> Em razão disso, a vinda dos filhos não é pelo poder nem pela utilidade, mas pela natureza, por todo o seu poder, que não é menor nos homens do que nas feras. (*Do amor aos filhos*, 497C)[6]

Tal preocupação plutarquiana espelha sua visão de que os amigos por conveniência também se aproximam quando um homem rico não tem filhos, na esperança de que seu patrimônio seja dividido entre eles. Em razão disso, recomenda aos ricos que tenham apenas dois filhos e que os criem bem, visto que seu patrimônio também pode ser arruinado se os seus filhos não amarem

---

[6] Plutarco. *Do amor aos filhos*. Tradução, introdução e notas de Maria Aparecida de Oliveira Silva. São Paulo: Edipro, 2015.

uns aos outros. Convém ressaltar que Plutarco tem como base de suas reflexões uma relação afetiva entre duas pessoas, seja no plano matrimonial, ou no plano da amizade, ou no da concepção de filhos. Nesse sentido, Plutarco argumenta: "devemos tomar como testemunho e conselheiro de nosso argumento a longa e antiga época em que falavam sobre alguns pares de amizade".[7] (*Da abundância de amigos*, 93E).

Porém, se a desigualdade entre os irmãos não se manifestar no caráter nem nos bens, mas na sorte[8] de um deles, aquele que for mais bem-sucedido, portanto o mais forte, não deve agir de modo a demonstrar tal superioridade. No entender de nosso autor, o irmão mais próspero deve minimizar as diferenças (485B-C). Ao irmão cuja sorte não lhe foi tão favorável, Plutarco recomenda:

> Ao inferior, que deve voltar seu interesse ao que foi deixado de lado, que seu irmão não é único, mas é somente mais rico, ou mais erudito, ou mais brilhante que ele por sua reputação, mas que muitas vezes é ultrapassado por muitos e dez mil vezes dez mil,
>
> *quantos colhemos o fruto da vasta terra.*
>
> Então, quer vague tendo inveja de todos, quer seja o único entre tantos que prosperam, o mais querido e consanguíneo aborrece-o, não deixa para o outro o seu excesso de infelicidade. (*Do amor fraterno*, 485C-D)

---

[7] Encontramos aqui outro ponto de contato com o pensamento de Aristóteles, o qual afirma sobre a impossibilidade de termos muitos amigos. Consultar: *Ética a Nicômaco*, 1171a.

[8] Plutarco utiliza o termo τύχη (*týkhē*), que originalmente significa "sorte", mas também pode ser interpretado como "destino".

18 | INTRODUÇÃO

Dentre os vários aspectos analisados por Plutarco sobre o amor fraterno, outro que se destaca é o da amizade com os estranhos. Na visão plutarquiana, é importante que os irmãos tenham amigos em comum, pois:

> bem disse Teofrasto que "se existem coisas comuns entre os amigos; mais comuns devem ser os amigos dos amigos!", e não menos que isso poderia ser aconselhado a um dos irmãos. Pois as companhias e as convivências uns com os outros, em privado e em separado, afastam e separam uns dos outros; pois para amar os outros rapidamente segue-se o que agradar aos outros, também a emular os outros e ser afastado por outros. Pois as amizades moldam os caracteres, e não existe sinal maior da divergência de caracteres que a escolha de amigos que são diferentes. Por isso, nem alimentar-se, nem beber, nem divertir-se, nem passar o dia com um irmão são tão essenciais para a concórdia como amar e odiar juntos, deleitar-se com os mesmos indivíduos durante o seu convívio, e novamente enfastiar-se e fugir deles. Pois as amizades comuns não suportam acusações nem conflitos; mas, ainda que nasça algum tipo de cólera ou de reprovação, esta é abandonada quando passa pelo íntimo dos amigos, que a recebem e a dispersam, se forem comuns para ambos e ambos convergirem por igual em benevolência. (*Do amor fraterno*, 490E-491A)

O amor entre os irmãos deve ainda se manifestar na relação dos irmãos com seus sobrinhos e suas cunhadas, uma vez que a família atua como um elemento de estabilidade emocional para o indivíduo. E assim Plutarco conclui este tratado com mitos sobre a importância dos tios na vida de seus sobrinhos:

Pois Héracles, que engendrou sessenta e oito filhos, não amou menos o seu sobrinho que eles; mas também hoje Iolau, em todos os lugares tem um trono com ele, e fazem orações chamando-o de ajudante de Héracles; e quando o seu irmão Íficles tombou na batalha da Lacedemônia, Héracles ficou muito triste e abandonou o Peloponeso. E Leucótea, depois de a sua irmã ter morrido, criou seu recém-nascido e o venerou como a um deus; por isso, as mulheres dos romanos nas festas de Leucótea chamam-na de Matuta, não pegam os seus próprios filhos nos braços, mas os de suas irmãs, e honram--nos. (*Do amor fraterno*, 492C-D)

Antes de citar os exemplos desses mitos, Plutarco lembra a decisiva influência de Platão na formação do caráter de seu sobrinho Espeusipo:

Assim também, Platão afastou seu sobrinho Espeusipo da total frouxidão e licenciosidade, não dizendo nem fazendo nada maléfico para ele, mas fugindo de seus pais quando sempre o censuravam e o reprovavam, trabalhando em si mesmo a calma e a benevolência para incutir-lhe grande respeito e zelo pela filosofia. Entretanto, muitos amigos acusavam-no de não advertir o rapaz; mas ele dizia que em muito o advertia para a vida e o seu modo de viver, ensinando-lhe a compreender as diferenças entre as coisas belas e as vergonhosas. (*Do amor fraterno*, 491F-492A)

Como em seus tratados *Da educação das crianças* e *Do amor aos filhos*,[9] Plutarco destaca a importância da família na educação

---

[9] Ambos os tratados foram publicados nesta Coleção Plutarco, em 2015, com tradução, introdução e notas de Maria Aparecida de Oliveira Silva. Consultar bibliografia no final desta obra.

e na formação do caráter de um indivíduo. Revela que o amor fraterno é o resultado de uma relação saudável de seus pais com seus irmãos, dos seus avós com os seus pais, de seus pais com os demais parentes, formando uma espécie de corrente afetiva. Como tal, se um de seus elos for rompido, o amor familiar perde a sua força e enfraquece todos os seus membros por meio da discórdia.

A presente tradução de *Do amor fraterno* teve como base o texto grego estabelecido em: Plutarchus. *De fraterno amore. Moralia.* v. III. M. Polenz (Ed.). Leipzig: Teubner, 1972.

DO AMOR FRATERNO

478A ·   **1.** Os cidadãos espartanos[1] chamavam as antigas imagens

consagradas dos Dióscoros[2] de *dókana*[3]; que são duas vigas para-

478B · lelas presas a duas transversais, algo comum e indissociável de sua

oferenda, que parece ser adequada ao amor fraterno existente en-

---

[1] O termo em grego é Σπαρτιᾶται (*Spartiâtai*), o nominativo masculino plural de Σπαρτιάτης (*Spartiátēs*), traduzido comumente como "esparciatas", a
denominação dada exclusivamente aos indivíduos que eram cidadãos espartanos. O esparciata (Σπαρτιάτης / *Spartiátēs*) distinguia-se não apenas por ter
nascido na cidade de Esparta, mas também por ser filho de cidadãos espartanos, tanto do lado de seu pai quanto do da sua mãe. Em nossa tradução,
optamos por traduzir Σπαρτιάτης (*Spartiátēs*) por "cidadão espartano" em
lugar de "esparciata". Para mais informações, consultar: SILVA, Maria Aparecida de Oliveira. *Plutarco historiador: análise das biografias espartanas*. São
Paulo: Edusp, 2006.

[2] Os Dióscoros são os irmãos gêmeos Castor e Polideuces (também conhecido
pelo nome latino de Pólux), filhos de Leda, irmãos de Helena e de Clitemnestra.

[3] Em grego, δόκανα (*dókana*) era o nome dado a imagens consagradas aos
Dióscuros em Esparta, que tinham duas vigas paralelas ligadas por duas transversais que simbolizavam a união indissolúvel entre os irmãos gêmeos Castor
e Polideuces. A palavra grega δόκανα (*dókana*) é o plural neutro de δοκός
(*dokós*), que significa "viga".

24 | PLUTARCO

tre os deuses. Assim também eu ofereço a vós, Nigrino[4] e Quieto[5], este tratado a respeito do amor fraterno; é um presente comum do qual sois dignos. Pois as exortações feitas neste tratado, porque já as praticais, pareceis mais que dais um testemunho que recebeis conselhos. Também a vossa alegria em vossos afazeres tornará mais segura a perseverança de vosso julgamento, tal como quando passamos dias felizes entre espectadores honrados e amantes do belo. Então, Aristarco[6], pai de Teodectes[7], zombando de uma multidão de sofistas, dizia que antigamente, com penar, existiam sete sofistas[8], mas não como agora em que facilmente poderia encontrar tantos diletantes. Eu observo em vós um amor fraterno que é tão raro quanto o ódio fraterno entre os antigos; do qual a vida concedeu-nos os notáveis exemplos contidos nas tragédias e nos teatros, por serem um paradoxo. Mas

478C ·

---

[4] Caio Avidio Nigrino, nascido em Faenza, séculos I e II d.C. Eleito cônsul romano em 110 d.C., quando Trajano era o imperador, também desempenhou as funções de magistrado e militar romano. Pai de Quieto, não irmão como se poderia supor pelo discurso de Plutarco.

[5] Tito Avidio Quieto, filho de Caio Avidio Nigrino, século II d.C., nascido em Faenza. Foi eleito cônsul romano em 111 d.C. e procônsul da Ásia em 125 d.C.

[6] Não dispomos de informações seguras sobre esta personagem. Provavelmente trata-se de um erro do copista, pois, segundo o *Suda*, o nome do pai de Teodectes era Aristandro.

[7] Nascido em Fasélis, cidade da Ásia Menor, século IV a.C. Existem registros de suas atividades como tragediógrafo e orador entre os anos de 370 e 350 a.C., conhecido especialmente por compor versos enigmáticos, feitos para serem decifrados. Teodectes foi discípulo de Platão, Isócrates e Aristóteles. Este último mo dedicou-lhe o seu tratado sobre retórica.

[8] Plutarco refere-se aos Setes Sábios. Na verdade, os Sete Sábios referiam-se a uma lista com os nomes dos homens mais sábios da Grécia antiga; em sua maioria, políticos do século VI a.C.

DO AMOR FRATERNO | 25

hoje em dia, todos os homens, quando se encontram com irmãos honestos, admiram nada menos que aqueles Moliônidas[9], que pareciam ter nascido unidos nos mesmos corpos, e pensavam que era tão incrível e monstruoso utilizarem em comum as riquezas 478D · paternas, os amigos e os escravos, como se tivessem uma única alma, utilizavam mãos, pés e olhos dos dois corpos.

2. Na verdade, não muito distante, a natureza coloca-nos o exemplo da utilidade dos irmãos, mas, no mesmo corpo, a maior parte das necessidades é planejada para a atuação em dupla, irmãs e semelhantes, como as mãos, os pés, os olhos, os ouvidos e os narizes; ela ensinou que eles existem para salvação e cooperação em comum, que não os estabeleceu assim para divergência e luta. As próprias mãos, divididas em muitos e desiguais dedos, mostram-se os mais ajustados e engenhosos de todos os órgãos, 478E · a ponto de Anaxágoras[10], o antigo, atribuir às mãos a causa da sabedoria e da inteligência humanas.[11] Mas parece-me que a verdade é o contrário disso; pois não é porque o homem tem mãos que é o mais sábio, mas porque é lógico e engenhoso por natu-

---

[9] Dois irmãos gêmeos, Êurito e Ctéato, que, como os Dióscoros, são filhos de um deus e de um mortal. O pai humano deles é Acteu, rei da Élide, e o divino é Posídon; já sua mãe chama-se Molíone. O nome dos Moliônidas deriva de seu avô materno Molo, um herói cretense; segundo o seu mito, os Moliônidas nasceram de um ovo de prata. Quando Héracles atacou seu tio Augias, os Moliônidas partiram em seu socorro, mas foram derrotados e mortos pelo herói.

[10] Filósofo nascido na cidade de Clazômenas, situada na região da Ásia Menor, 500-428 a.C.

[11] Anaxágoras. Diels-Kranz. *Die Fragmente der Vorsokratiker*, v. II, p. 30, fr. 102.

26 | PLUTARCO

reza, e por natureza acontece o mesmo com tais órgãos. Isso é evidente em tudo, porque a partir de um único esperma e de um único princípio a natureza transforma em dois, três ou mais irmãos, não tendo em vista a divergência e a oposição; mas, mesmo estando separados, para que cooperem mais uns com os outros. Pois os seres que têm três corpos[12] e cem mãos[13], se é verdade que existiram, porque nasceram unidos em todas as partes dos seus corpos, não podiam fazer nada fora nem separado de si mesmos; o que é permitido a irmãos, que tanto podem permanecer em sua pátria como viajarem para o estrangeiro, ao mesmo tempo, podem participar da vida política da cidade e ser camponeses por si mesmos; a natureza concedeu-lhes essas capacidades para que preservassem o princípio da concórdia e da benevolência; se não fosse assim, penso, não levariam nenhum dos seus pés a direções contrárias porque tropeçariam uns nos outros, entrelaçariam seus dedos, que seriam distorcidos uns pelos outros, sendo contrários à natureza uns dos outros. Mas, sobretudo, tal como compartilham nesse mesmo corpo compostos líquidos e sólidos, frios e quentes, por terem uma só natureza e alimentação, produzem com igualdade e concórdia a melhor, a mais agradável e harmoniosa combinação, sem a qual dizem que não existe "riqueza" nem "o poder do rei que torna os homens semelhantes

478F ·

479A ·

---

[12] Plutarco faz referência a Gérion, um gigante que tinha três cabeças e cujo corpo era triplo até a cintura, filho de Crisaor e de Calírroe, descendente de Posídon por parte de pai e de Oceano por parte de mãe. Habitava a ilha de Eritia, onde apascentava seu rebanho de bois protegido pelo boiadeiro Eurítion e um cão, Ortro. Quando Héracles foi até Eritia para roubar seu rebanho, o herói matou todos com flechas e golpes de clava.

[13] Nosso autor refere-se aos Hecatônquiros, três gigantes que tinham cem braços e cinquenta cabeças: Coto, Briareu e Giges.

Do amor fraterno | 27

aos deuses"[14], para existir alguma graça e utilidade; mas, quando nasce entre eles a avidez e a dissensão, vergonhosamente destroem e confundem o animal; desse modo, na concórdia entre os irmãos, a linhagem e a casa estão saudáveis e prósperas, amigos e familiares, tal como um coro harmonioso, não atuam, nem dizem e nem pensam o contrário;

na dissensão, o vil também obtém honra[15]

479B · um escravo doméstico caluniador, ou um bajulador esgueirando--se à porta, ou um cidadão maléfico. Pois, como as doenças que estão nos corpos que não aceitam o que lhe é costumeiro e introduzem o desejo de muitas coisas absurdas e nocivas, assim a acusação e a suspeição contra o familiar conduzem a companhias desprezíveis e perversas que arrastam do exterior para a sua negligência.

3. Então, um adivinho arcádio por necessidade acrescentou em si um pé de madeira[16], segundo Heródoto, porque estava

---

[14] Árifron. *Da virtude de Hígia*, III, 4. Trata-se de um péan dedicado à deusa Hígia – que é a personificação da Saúde, considerada filha de Asclépio, o deus da Medicina –, escrito por Árifron, um poeta lírico do século IV a.C. Plutarco cita este mesmo verso ainda em seu tratado *Das virtudes morais*, 450B.

[15] Verso de um poeta lírico desconhecido. Bergk. *Poet. Lyr. Graec.*, III, fr. 690.

[16] Heródoto, *Histórias*, IX, 37. O historiador conta que, quando o general Mardônio quis partir para o combate, os prenúncios não lhe foram favoráveis. Então, o seu adivinho particular Hegesístrato proferiu-lhe o vate de que realmente o general deveria ficar na posição de defesa em Plateias. Em um de seus relatos digressivos, Heródoto conta que Hegesístrato, natural da Élide, tinha sido aprisionado e torturado pelos espartanos, e ainda condenado à morte. Deste modo, em um ato de desespero, o adivinho, com o pé atrelado a uma

28 | PLUTARCO

privado do seu próprio pé; mas, quando um irmão guerreia com um irmão e atrai um estrangeiro da ágora ou um companheiro da palestra, não parece que faz outra coisa que dilacerar voluntariamente um membro da sua carne que está unida por natureza para submeter-se adaptar-se a uma que lhe é estranha.

479C · Pois a própria necessidade de acolher e procurar uma amizade e uma companhia ensina a honrar, respeitar e proteger o consanguíneo, porque não podemos viver por natureza sem amigos, fora do convívio social e solitários. De onde Menandro[17] corretamente afirma:

> *não nos lugares das bebidas e das ações indolentes de*
> *[cada dia,*
> *procuramos em quem confiar as coisas da nossa vida,*
> *pai. Não em vão cada um pensa encontrar*
> *um bem, quando tem a sombra de um amigo?*[18]

Pois sombras são na realidade a maior parte das amizades, imitações e imagens daquela primeira, que a natureza coloca nos
479D · pais para os seus filhos e nos irmãos para os irmãos, o que não

---

peia de madeira, pegou uma faca e cortou a frente do seu pé, conseguindo escapar e fugir para Tégea. No entanto, após o combate em Plateias, sem precisar exatamente quando, Heródoto conta que Hegesístrato foi capturado e morto pelos lacedemônios.

[17] Nascido em Atenas, 342-289 a.C., Menandro foi o mais célebre comediógrafo da chamada Comédia Nova. Escreveu cento e oito peças, das quais somente oito chegaram aos nossos dias.

[18] Menandro, *Epiclero*, peça perdida. Kock, *Com. Att. Frag.*, III, fr. 554.

a venera nem a honra, vê se dá algo confiável de boa vontade a estranhos, ou qual é a natureza daquele que declara seu irmão como companheiro nas saudações gentis e nas cartas, e não pensa que precisa trilhar o mesmo caminho com o seu irmão. Como é louco de embelezar a imagem do irmão, e golpear e mutilar o seu corpo, do mesmo modo venera e honra seu nome nas outras coisas, e odeia-o e foge dele, é próprio de quem não está nada saudável em sua mente, nem jamais apreendeu que a natureza é o existe de mais sagrado e a maior dentre as coisas sagradas.

479E · **4.** Sei então por ter aceito o papel de árbitro de dois irmãos em Roma, um deles parecia que tinha o hábito de filosofar, mas ao que parece, não era somente como irmão, mas também como filósofo, portador de um título falso e enganador. Pois, quando eu o avaliei como se apresentava como irmão diante de seu irmão e como filósofo diante de um particular; e ele disse: "– Isso é verdade com relação a um particular, mas eu não venero nem considero algo importante ter nascido dessas mesmas partes". Então eu disse: "É evidente que tu não consideras que se é algo importante e venerável ter nascido de uma dessas partes."

479F · Mas todos os outros, ainda que não pensassem desse modo, assim dizem e cantam que a natureza e a lei que a preserva concederam primazia, honra e importância aos pais, depois dos deuses. E não existe o que agrade mais aos deuses que os homens que agem com gratidão com quem os gerou e criou "que lhes foram prestadas antigamente à época em que eram jovens"[19], para

---

[19] Platão, *As leis*, 717c.

retribuir-lhes com benevolência e boa vontade os favores recebidos. Por sua vez, não existe nada que demonstre mais a impiedade que a negligência e o desregramento com os pais; por isso, é proibido fazer mal aos outros, não oferecer isso à nossa mãe e ao nosso pai, em atos e palavras, para que com isso se alegrem, ainda que não vá contra eles no futuro, pensam que isso é ímpio e contra a lei divina. Então qual ação, ou graça, ou disposição dos filhos é mais capaz de alegrar aos pais que a boa vontade e a amizade seguras para com o irmão?

5. E isso é fácil de compreender a partir do contrário. Pois os filhos aborrecem seus pais quando insultam um escravo nascido no lar, honrado pela mãe ou pelo pai, quando negligenciam as plantas e os terrenos para alegrar-se com outros que se aproximam, quando um cão da casa é desprezado, também um cavalo, porque ataca o afeto e o orgulho que os anciões têm deles quando seus filhos negligenciam recitais, espetáculos e exercícios atléticos que eles admiravam, ridicularizando-os e desprezando-os; como serão moderados com os filhos que discordam uns dos outros, que odeiam uns aos outros, que falam mal uns dos outros, que sempre se colocam contra as ações e os trabalhos uns dos outros, que são destruídos uns pelos outros? Não se poderia dizer isso. Portanto, o contrário, quando os irmãos amam uns aos outros e estimam-se, retribuem entre si sentimentos e ações, na medida em que a natureza separou os seus corpos, compartilhando conversas comuns e diversões, ao mesmo tempo também tendo brincadeiras uns com os outros, porque os pais os proveram e os preparam o prazer, a alegria e o amor fraterno que cuida-

Do amor fraterno | 31

rão deles no tempo de sua velhice. Pois nenhum pai é tão amante das letras, nem tão amante das honrarias, nem tão amante de dinheiro quanto é amante dos seus filhos; por isso não veem seus filhos discursando, nem enriquecendo, nem comandando com tanto prazer quanto amando uns aos outros. Então a filha de Apolônio de Cízico[20], mãe do rei Êumenes e dos outros três, Átalo, Filetero e Ateneu,[21] a qual dizem que sempre se glorificou por ter tido a graça junto aos deuses, não pela riqueza nem pelo poder, mas porque via seus três filhos protegendo o mais velho, como lanceiros da sua guarda pessoal, que portavam

480D · lanças e espada, e ele vivia sem medo entre eles. Ao contrário, tal como quando Xerxes[22] recebeu a notícia de que seu filho Oco[23] havia conspirado contra seus irmãos, porque ficou desalentado com o fato, morreu. "Pois as guerras entre irmãos são

---

[20] Cidade localizada na Mísia, na região da Anatólia.

[21] Todos os nomes citados pertencem à dinastia Atálida, descendente dos gregos que governaram a cidade de Pérgamo, também localizada na Mísia, cujo poder estendeu-se dos séculos III ao II a.C., quando foram dominados pelos romanos em 133 a.C.

[22] Rei da Pérsia, de 486 a 465 a.C., também denominado "Rei". Ao suceder Dario, planejou conquistar a Grécia, mas teve seu exército arrasado em Salamina em 480 a.C. Retornou para a Pérsia, deixando seu general Mardônio para continuar a guerra de conquista; no entanto, este também sofreu dura derrota em Plateias em 479 a.C. Consultar: Heródoto, *Histórias*, livros VII, VIII e IX.

[23] Oco é o nome do rei persa Artaxerxes III, 425-338 a.C. Descendente da Casa dos Aquemênidas, ficou conhecido por ter contido a Revolta dos Sátrapas em 367-362 a.C. Plutarco comete um ato falho ao atribuir a Xerxes a sua paternidade, quando Oco é filho de Artaxerxes II, neto de Dario II, o Grande Rei. É provável ainda que a grafia do nome Xerxes tenha sido o resultado de um erro do copista.

difíceis de suportar"[24], como disse Eurípides[25], mas são mais insuportáveis para os seus pais; pois quem odeia e oprime seu irmão não pode deixar de censurar quem o engendrou nem quem lhe deu à luz.

6. Então Pisístrato[26], quando se casou, à época em que seus filhos eram adultos, pensando que eles eram belos e bons, disse que queria ainda ser pai de mais como tais. Os filhos justos e honestos não somente amarão mais uns aos outros por causa de seus pais, mas também os seus pais por amarem uns aos outros. Assim, sempre pensam e dizem que diante da gratidão por muitas coisas oferecidas pelos seus pais, que a devem sobretudo por terem recebido seus irmãos, que isso está dentre os seus bens. Porque são a mais valiosa e agradável aquisição dentre todos os bens recebidos deles. Bem compôs Homero[27] quando colocou Telêmaco[28] em uma situação infeliz por não ter um irmão:

480E ·

---

[24] Eurípides. Peça desconhecida. Nauck, *Trag. Graec. Frag., Adesp*, n. 675.

[25] Tragediógrafo grego, 480-406 a.C., nasceu na ilha de Salamina, região da Ática, no dia da batalha naval travada ali contra os persas. No teatro, Eurípides celebrizou-se pela invenção de um expediente cênico conhecido como *Deus ex machina*, em que o desfecho do drama ocorre de forma inesperada, com a intervenção de uma divindade.

[26] Tirano de Atenas, 560-527 a.C.

[27] Poeta épico grego a quem é atribuída a autoria dos versos em hexâmetro dactílicos da *Ilíada* e da *Odisseia*. Estudos realizados sobre a cronologia de suas obras nos trazem informações de que datam dos séculos XII a IX a.C.

[28] Filho do herói Odisseu e da rainha Penélope, é uma das personagens da *Odisseia* em um conjunto de versos conhecidos como *Telemaquia*, quando o jovem sai em busca de seu pai e com isso obtém mais experiência de vida,

Do amor fraterno | 33

Pois disto o filho de Crono privou a nossa linhagem![29]

Hesíodo[30] não aconselha bem quando diz "gera um único filho"[31], por ser o único herdeiro paterno, e além disso é um aprendiz nascido das Musas[32], as que por estarem sempre juntas pela benevolência e pelo amor às irmãs[33], assim as nomeou: Musas[34]. Portanto, com relação aos pais, o amor fraterno é dessa natureza, de modo que amar um irmão é a demonstração imediata de que ama o pai e a mãe; com relação aos filhos, por sua vez, que não existe nenhuma outra coisa como a lição e o exemplo de amor fraterno; também ao contrário, um perverso, por sua vez, tal como se recebesse o ódio ao irmão de uma cópia pa-

480F ·

481A ·

---

episódio visto como um rito de passagem de Telêmaco da puberdade para a idade adulta. Consultar: Homero, *Odisseia*, I, 96-847.

[29] Homero, *Odisseia*, XVI, 117.

[30] Poeta grego, nascido na cidade de Ascra, na Beócia, século VIII a.C.

[31] Hesíodo, *Os trabalhos e os dias*, 376.

[32] As Musas eram filhas da deusa Mnemôsine (personificação da Memória) e de Zeus, e trazem ora o epíteto de Piérides, ora de Helicônias. Elas eram em nove, a saber: Calíope (poesia épica), Clio (história), Euterpe (lírica e música de flauta), Melpômene (tragédia), Terpsícore (dança), Erato (hinos e música para lira), Polímnia (cantos sacros), Talia (comédia) e Urânia (astronomia).

[33] A cidade natal de Hesíodo situava-se próxima do Monte Hélicon, conhecido como a morada das Musas.

[34] O nome das Musas está relacionado ao da música. Para que a música seja agradável é preciso que exista harmonia entre as notas musicais, que aqui estão associadas a cada uma das Musas. Deste modo, conforme Hesíodo e Plutarco, as nove formam um grupo harmonioso, para o primeiro "moças concordes" por sua harmonia musical que, para Plutarco, é o resultado do amor que as irmãs nutrem umas pelas outras.

34 | PLUTARCO

terna. Aquele que envelhece em processos e disputas contra seus irmãos, e depois exorta seus filhos a estar em consonância, "médico
dos outros, quando tu mesmo estás coberto de chagas"[35], torna
o seu discurso fraco por meio de suas ações. Se então o tebano
Etéocles[36] tivesse dito ao seu irmão:

> *poderia ir ao nascente do sol e das estrelas,*
> *para debaixo da terra, se fosse capaz de fazer isto,*
> *de modo a obter a maior das deusas, a tirania*[37]

e, em sentido contrário, ele exortasse seus próprios filhos a

> *honrar a igualdade, a que sempre une amigos aos*
> *amigos, cidades às cidades e aliados aos aliados;*
> *pois a igualdade criou estabilidade entre os homens,*[38]

quem não o desprezaria? Que espécie de homem seria Atreu[39] se,
após ter oferecido tal banquete ao seu irmão,[40] tivesse proferido
tal máxima às crianças:

---

[35] Eurípides. Fragmento de uma peça desconhecida. Nauck, *Trag. Graec. Frag.*, n. 1086, p. 807.

[36] Filho de Édipo e de Jocasta, e irmão de Polinices, que participa do chamado Ciclo Tebano.

[37] Eurípides, *Fenícias*, 504-506. Diálogo entre Etéocles e seu irmão Polinices.

[38] Eurípides, *Fenícias*, 536-538.

[39] Filho de Pélops e de Hipodamia.

[40] Plutarco refere-se ao mito dos irmãos Tiestes e Atreu, que nutriam um ódio recíproco, resultado de uma maldição que seu pai lançou sobre eles depois de ambos terem matado o seu meio-irmão Crisipo, filho de Pélops com a ninfa Axioque.

DO AMOR FRATERNO | 35

Sem dúvida, a utilidade dos amigos, a única dos
de mesmo sangue, é ser útil quando o mal aflui?[41]

7. Porque também será um mau cuidador da velhice dos
seus pais e um péssimo cuidador para os seus filhos, convém
purificar-se do ódio fraterno. E além disso, este é caluniador e
traidor diante dos cidadãos. Pois pensam que não por esta qua-
lidade congênita, habitualidade e parentesco, não se tornariam
inimigos e adversários, nem seriam coniventes uns com os outros
481C · em muitas ações perversas; poderosas causas dissolvem a grande
benevolência e a amizade. De onde não aceitam com facilidade a
reconciliação. Tal como as coisas que são aglutinadas, ainda que
a cola afrouxe-as, reatam-se e reagrupam-se, mas quando ocorre a quebra do corpo natural ou divide-se, existe um trabalho
para que sejam encontradas a liga e a coesão, assim as amizades pela necessidade se estreitam, ainda que sejam divididas, não
se reúnem com dificuldade; mas os irmãos que se afastaram contra natureza não se unem com facilidade; ainda que se reúnam, as
reconciliações arrastam sobre si sordidez e completa suspeição.
Portanto, toda hostilidade de um homem contra outro homem,
481D · quando estão sentindo as mais intensas dores, com a alma imbuí-
da de paixões, rivalidade, cólera, inveja e rancor, isso é doloroso
e desconcertante. Mas a hostilidade contra o irmão, com quem é
imperioso compartilhar sacrifícios, templos pátrios e o mesmo
túmulo, também, de algum modo, ser seu vizinho de casa ou de
campo, traz a tristeza nos seus olhos, relembrando a cada dia a
sua insensatez e a sua loucura, por causa dela, a face mais doce

---

[41] Fragmento de uma peça desconhecida. Nauck, *Trag. Graec. Frag.*, *Adesp.*,
n. 384.

36 | PLUTARCO

e parentesca é a mais carrancuda de se ver, e ouvir a voz amigável e familiar da juventude torna-se a mais temida, mas vendo a maioria dos outros irmãos utilizando uma única casa e mesa, campos e escravos compartilhados, enquanto eles próprios causam divisões entre amigos e hóspedes, destinando muitas hostilidades aos que partilham gentilezas aos seus irmãos; também isso considera que é possível de colocar a todos em público, porque os amigos e os convivas são como "despojos de guerra" e os parentes e os familiares são "compráveis"[42], tal como quando os antigos destruíam-se por armas ou ferramentas, mas não existe a aquisição de um irmão, tal como nem a mão pode ser retirada nem o olho arrancado, mas acertadamente a persa disse que, em vez dos meus filhos, escolho salvar o meu irmão, porque outras crianças eu poderia ter, mas um outro irmão de meus pais não seria possível, porque não estão vivos.

8. O que então deve fazer, alguém diria, aquele que tem um irmão maldoso?

Em primeiro lugar, deve lembrar que aquela perversidade atinge todo tipo de amizade, conforme Sófocles[43]:

a maior parte das ações vergonhosas dos ladrões flagrarás entre os mortais.[44]

---

[42] Os termos entre aspas estão presentes em Homero, *Ilíada*, IX, 406-409.

[43] Tragediógrafo grego, 496-405 a.C. Nasceu em Colono, local bem próximo a Atenas; calcula-se que perfazia a distância de um quilômetro.

[44] Sófocles. Fragmento de uma peça desconhecida. Nauck, *Trag. Graec. Frag.*, *Adesp*, n. 769.

DO AMOR FRATERNO | 37

Pois nem há a consanguinidade, nem o companheirismo, nem a amabilidade, nem o amor é puro, e está livre das paixões 482A nem de encontrar a maldade. Portanto, o lacônio, após desposar uma mulher de baixa estatura, disse que precisava escolher dentre os males o menor; mas alguém com prudência aconselharia aos irmãos, quanto aos assuntos familiares, a tolerar mais os seus males que experimentar os dos estranhos; pois este é irrepreensível como necessário, e aquele é censurável quanto voluntarioso. Pois nem o conviva, nem o companheiro de juventude, nem o estrangeiro:

está atrelado aos grilhões da honra, não forjados com metal,[45]

mas sim o consanguíneo, o que teve a mesma criação, o de mesmo pai e mãe. Para o qual é natural a princípio conceder e permitir algumas coisas ao irmão que errou, dizendo:

Por isso, não posso abandonar-te, ainda que sejas um infeliz,[46]

ainda maldoso e insensato, também que não seja ignorado que 482B não és castigado com perversidade e amargura por meu ódio, porque existe em ti um tipo de doença transmitida pela semente do pai ou da mãe". Pois, como dizia Teofrasto[47], os estranhos não

---

[45] Eurípides, da tragédia perdida *Pirítoo*. Nauck, *Trag. Graec. Frag.*, n. 595.

[46] Homero, *Odisseia*, XIII, 33.

[47] Filósofo nascido na ilha de Lesbos, 370-286 a.C. Foi discípulo de Aristóteles e seu sucessor no Liceu após a sua morte.

devem ser julgados depois de amados, mas devem ser amados depois de terem sido julgados.[48] De onde a natureza é hegemônica na sua decisão, não concede nem espera por aquele com quem repetidamente no decorrer do tempo comeu junto um médimo[49] de sal[50], mas sim aquele com quem gerou o princípio da amizade; nesse momento, é preciso que os inquisidores não sejam cruéis nem rigorosos com os que erraram. Agora, o que se poderia dizer se hóspedes e estrangeiros que são corrompidos moralmente por uma bebida, ou por um escravo, ou por ir à palestra, alguns facilmente os suportam e comprazem-se com eles, enquanto são intratáveis e inflexíveis com seus irmãos? De onde também muitos criam e apreciam cães ferozes, cavalos, lobos, gatos, macacos e leões, mas não suportam a cólera, ou a insensatez, ou a ambição de seus irmãos; mas outros registram para concubinas e meretrizes particulares suas casas da cidade e do campo, enquanto se batem em duelo com os irmãos por um lugar na casa ou por uma esquina; em seguida, nomeiam o seu ódio à maldade de ódio fraterno, estabelecem um pretexto para sua perversidade, acusam os irmãos por sua maldade e os insultam; enquanto, entre os outros, não se aborrecem com isso, mas em muito se servem disso e convivem com eles.

482C ·

482D ·

9. Portanto, que este seja o proêmio de todo o meu discurso. Retomemos o início de minha lição sobre a não distribuição

---

[48] F. Wimmer. *Theophrastus: Opera quae supersunt omnia.* v. I. Leipzig: Teubner, 1862. Fr. 74.

[49] O μέδιμνος (*médimnos*), isto é, o médimo, é a medida usada para os sólidos. Calcula-se que cada médimo equivale a algo entre 30 e 40 quilos.

[50] Trata-se de uma frase proverbial.

DO AMOR FRATERNO | 39

dos bens paternos, tal como outros, mas ainda a errônea competição e a inveja existentes quando os pais ainda estão vivos. Pois os éforos[51], porque Agesilau[52] sempre enviava um boi perfeito a cada um dos anciões como demonstração de deferência aos magistrados recém-empossados, multaram-no, explicando-lhe que o motivo era porque ele queria adquiri-los como propriedades particulares por meio de ações demagogas e agradando-os, embora eles fossem comuns ao povo; poderia aconselhar-se a um filho a cuidar dos seus pais, não os conquistando somente para si mesmo, nem voltando a benevolência paternas para si mesmo. Por esse modo, muitos fazem demagogias contra os seus irmãos, 482E · tecem um pretexto conveniente, mas que não é justo, para que sustente essa ambição excessiva de poder. Pois afastam de si o que é mais importante e mais belo dentre os bens paternos: a benevolência, ao moverem-se rapidamente com servilismo e maldade, oportunamente quando seus pais estão debruçados sobre suas ocupações e ignorantes dos fatos e, sobretudo, apresentam--se a si mesmos como bem organizados, obedientes e prudentes, nessas circunstâncias veem seus irmãos como errados ou parecendo que são assim. Deve-se, ao contrário, quando há cólera paterna, compreendê-la e enfrentá-la com ele, de modo que a

---

[51] Os magistrados de Esparta eram chamados de éforos, cinco cidadãos espartanos eleitos anualmente para exercer o cargo de éforo, que em grego grafa-se ἔφορος (éphoros), que deriva de ἐπί (epí), "sobre", e ὁράω (horáō), "ver", ou seja, "aquele que olha", "aquele que vigia"; também está na raiz do verbo ἐφοράω (ephoráō), que significa "olhar", "vigiar", "observar".

[52] Rei espartano, 400-360 a.C., filho de Ágis II, pertencente à Casa dos Euripôntidas. Existem duas obras sobre Agesilau: a primeira é um panegírico escrito por Xenofonte intitulado *Agesilau* e a outra é uma biografia escrita por Plutarco denominada *Vida de Agesilau*.

torne mais leve com o seu auxílio, com assistência e graça; de algum modo, permitir a participação do irmão nisso; quando existe a negligência paterna, deve-se culpar a ocasião que não é favorável ou qualquer outra ação, ou a natureza, ou que é mais útil e venerável para outras coisas; é bem apropriada a fala de Agamêmnon[53], que diz:

não cedendo à mente hesitante nem à insensata,
mas tomando conta de mim[54]

e isso me foi determinado. E os pais ainda aceitam com prazer as mudanças das definições e confiam nos filhos que chamam de simplicidade a fraqueza de caráter dos irmãos, e a sua retidão na imperícia deles, por sua incapacidade de suportar a competição; de modo que o irmão promova a reconciliação, faça diminuir a cólera contra o seu irmão e aumentar para si mesmo a benevolência de seu pai.

10. Desse modo, depois de ter feito a defesa de seu irmão, já deve voltar-se para ele e reprová-lo profundamente, com franqueza, mostrar-lhe o seu engano e a sua falha. Pois não devem ser permissivos com os irmãos nem atacar repetidamente os seus erros (o primeiro é próprio de quem se alegra com o mal do irmão, e o segundo, de quem compartilha do seu erro), mas é preciso aconselhá-lo como que está preocupado com sua aflição e sua

---

[53] Filho de Atreu e de Aérope, irmão de Menelau, este rei de Esparta enquanto Agamêmnon era rei de Micenas, ora aparece como rei de Argos.

[54] Homero, *Ilíada*, X, 122-123.

Do amor fraterno | 41

inquietação. E torna-se um acusador mais veemente para o irmão quem é o seu defensor mais empenhado perante os pais. Mas se o irmão não cometeu um erro quando for processado, convém auxiliar os pais nos outros assuntos, para que suportem toda cólera e aborrecimento; quando o irmão está sofrendo ou tendo uma má reputação, as suas defesas são belas e irreprocháveis. E não deve temer ouvir o que foi dito por Sófocles:

> *Filho malvado, que moves um processo contra teu pai!*[55]

483C · porque fala com franqueza em defesa do irmão, que parece ser tratado de modo injusto. Pois, também para eles mesmos, tal processo torna a derrota mais prazerosa que a vitória.

11. Sem dúvida, após a morte do pai, deve se unir ao irmão mais que antes, é correto que esteja em estado de benevolência com ele, logo nesse momento, chorar junto com ele e afligir-se com ele, compartilhando a sua ternura; e repelindo a suspeição dos servos e a acusação dos companheiros que se agregam com os outros, e confiando nos episódios que contam sobre o amor fraterno próprio dos Dióscoros, que Polideuces[56] matou um homem que murmurou algo contra seu irmão, depois de tê-lo atingido com um soco[57].

---

[55] Sófocles, *Antígone*, 742.

[56] Irmão de Castor, Polideuces também é conhecido pelo nome latino Pólux. Para mais detalhes, ver a nota sobre os Dióscoros do parágrafo 478A.

[57] Ferécides. F. Jacoby. *Frag. der gr. Historiker I*, p. 101, fr. 164.

42 | PLUTARCO

483D · Quanto à distribuição dos bens paternos, que não declarem guerra uns contra os outros, tal como a maioria, "ouve, Álala[58], filha de Pólemon[59],"[60] vem completamente armado, mas devem precaver-se mais durante aquele dia; assim, para uns, este é o dia do princípio da inimizade incurável e da divergência; enquanto, para outros, é o princípio da amizade e da concordância; é melhor que estejam uns com os outros, exceto quando um amigo comum a ambos se apresenta como uma testemunha conciliadora "dos quinhões da justiça"[61], conforme disse Platão[62], depois de darem e receberem as coisas amadas e convenientes, consideram distribuir o cuidado e a administração, porque estes estão colocados em comum para eles, como patrimônio comum e inseparável de todos. Aqueles que arrancam as amas uns dos outros, que levam a melhor sobre o outro na divisão dos escravos, escolhendo os que tenham tido a mesma ama de leite ou que tenha sido companheiros porque valorizam muito o escravo destroem

483E ·

---

[58] O nome da filha de Pólemon em grego é Ἀλαλά (*Álala*), que significa "brado", "grito de guerra", portanto Álala é a personificação do Grito de Guerra.

[59] Álala é apresentada como Πολέμου θύγατερ (*Polémou thýgater*), isto é, "filha de Pólemon", cujo nome deriva de πόλεμος (*pólemos*), que significa "tumulto do combate", "guerra", portanto Pólemon é a personificação da Guerra.

[60] Píndaro. Snell-Maehler. *Pindari Carmina Cum Fragmentis* (v. I e II), fr. 78.

[61] Platão, *Crítias*, 109b.

[62] Filósofo ateniense, 429-347 a.C., conhecido por seu método dialético exposto na forma de diálogos. Em 387 a.C., fundou a Academia, primeira escola filosófica da Grécia antiga, cujo nome homenageia Academo e fica localizada em um bosque que abrigava o túmulo desse herói conhecido por ter revelado aos Dióscoros o lugar onde Teseu havia escondido Helena após raptá-la de Esparta.

Do amor fraterno | 43

o melhor e mais honrado dos bens paternos, que é a amizade e a confiança do irmão. E sabemos que alguns ainda, desinteressadamente, por causa de seu temperamento litigioso, herdaram de seus pais os seus despojos de guerra, nada mais conveniente. Dentre os quais, Cáricles e Antíoco,[63] que eram opúncios; de fato, após dividirem uma taça argêntea em duas partes e cortarem um manto em dois, tal como um fato vindo de uma imprecação trágica, "dividirem a casa com afiado ferro"[64]. Outros relatam em detalhes aos outros, porque ficam orgulhosos, que obtiveram muitos bens por meio do engano, da perspicácia e da vileza no momento da sua distribuição entre os irmãos, quando deveriam exaltar-se e estarem orgulhosos por terem sido superiores em bom senso, em gratidão e em condescendência. De onde vale a pena lembrar Atenodoro[65], certamente todos nós lembramos dele junto a nós. Pois ele tinha um irmão mais velho chamado Xênon[66] que fazia a administração da sua riqueza, e perdeu grande parte dela. Por fim, raptou uma mulher, que foi a sua condenação, pois arruinou a sua riqueza, que a administração do tesouro público do imperador confiscou. Atenodoro era um rapaz que ainda nem era barbado quando recebeu uma parte da sua riqueza; ele não foi indiferente ao irmão, mas colocou tudo à sua frente e a partilhou com ele; ainda que muitas

---

[63] Não dispomos de mais informações sobre estes irmãos; a julgar pela associação que Plutarco faz ao citar um verso que nos remete às tragédias *Fenícias*, de Eurípides, e *Os sete contra Tebas*, de Ésquilo, provavelmente trata-se de dois irmãos amaldiçoados pelo pai.

[64] Trata-se de uma adaptação dos versos de Eurípides, *Fenícias*, 68, e de Ésquilo, *Os sete contra Tebas*, 789.

[65] Médico, amigo e contemporâneo de Plutarco.

[66] Não dispomos de mais informações sobre esta personagem.

44 | PLUTARCO

vezes tenha sido ultrajado na partilha, não se irritou com ele, nem se arrependeu, mas com calma e alegria suportou a insensatez do irmão, por isso tornou-se célebre na Hélade[67].

12. Portanto, quando Sólon[68] proclamou[69] a sua constituição, que a igualdade não produz dissensão, em muito pareceu popularmente introduzir uma analogia aritmética e democrática no lugar da bela proporção geométrica; mas aquele que na casa aconselha os irmãos especialmente como Platão aconselha os cidadãos a retirar "o meu" e o "não o meu"[70], mas se não for possível, afeiçoe-se e cerque-se pela igualdade, estabelecendo um belo e firme alicerce da concórdia, sempre que a paz for derrubada. Que utilize célebres paradigmas, como é o exemplo de Pítaco[71] quando o rei dos lídios[72] quis saber se ele tinha dinheiro, e ele

---

[67] O que conhecemos por Grécia era chamada de Hélade pelos seus antigos habitantes, pois eram descendentes de Heleno, filho de Deucalião e Pirra. Grego e Grécia foram os nomes dados pelos conquistadores romanos.

[68] Legislador e poeta ateniense, século VI a.c., também considerado um dos Sete Sábios da Grécia antiga. Sobre ele, há uma biografia plutarquiana. Consultar: *Vida de Sólon*, de Plutarco. Também podemos colher informações a seu respeito em *Constituição ateniense*, de Aristóteles, além de seus próprios poemas e fragmentos de obras que chegaram ao nosso tempo.

[69] Plutarco relata este episódio no Capítulo XIV da *Vida de Sólon*.

[70] Platão, *A República*, 462c. Plutarco repete esta expressão platônica, a saber: *Preceitos conjugais*, 140D, e *Diálogo do amor*, 767D.

[71] Tirano de Mitilene, século VI a.C., cuja feiura e origem pobre foram atacadas por seu inimigo, o poeta Alceu. Conforme Diógenes Laércio, Pítaco era filho de Hirradio, exerceu a tirania por dez anos e depois a renunciou. Igualmente escreveu elegias, cerca de 600, e uma obra em prosa intitulada *Das Leis*. Consultar: *Vidas e doutrinas dos filósofos ilustres*, I, 4.

[72] Trata-se de Creso, rei da Lídia entre 560-546 a.C., sucedeu seu pai Aliates e deu prosseguimento à conquista da Iônia.

Do amor fraterno | 45

respondeu que: "– Duas vezes mais do que desejava, porque meu irmão está morto". Visto que não somente na aquisição de riquezas, também a diminuirá, porque "coloca-se o mais como inimigo do pouco"[73], mas é com facilidade, conforme diz Platão, que na desigualdade nasce o movimento, enquanto na desigualdade nasce a dissensão e o isolamento; assim, toda desigualdade é perigosa para a destruição dos irmãos, porém é impossível que sejam iguais e equivalentes em tudo (pois, umas coisas, as suas naturezas rapidamente distribuem sem equidade, enquanto outras, os seus destinos mais tarde irão introduzir a inveja e a ambição, as mais vergonhosas doenças e vis mortes não somente nas casas, mas 484D · também as ruínas nas cidades), devem ter cuidado e precaver--se disso, sempre que isso ocorrer. Alguém poderia aconselhar ao que é superior, em primeiro lugar, que não pareça distinguir-se entre eles, tornar essas qualidades comuns aos irmãos, adorná--los com sua reputação e admiti-los entre seus amigos; ainda que seja o mais hábil para discursar, que utilize sua capacidade na circunstância presente para que a deles em nada seja inferior; em segundo lugar, não se mostrar imaturo nem desdenhoso, mas tornar a sua superioridade irreprochável, por ser confiável e condescendente, por seu caráter, por tentar nivelar a desigualdade da alma, o tanto quanto for possível, e por sua moderação de espí-484E · rito. Então, Luculo[74] não julgou justo assumir o poder antes do

---

[73] Eurípides, *Fenícias*, 539.

[74] Lúcio Licínio Luculo, século I a.C., começou sua carreira como oficial de Sula em 80 a.C., foi eleito questor em 88 a.C., conhecido por ter exercido atividades diplomáticas no Oriente e na Grécia, onde cunhou uma grande quantidade de moeda. Para mais feitos e fatos de Luculo, consultar: *Vida de Luculo*, de Plutarco.

46 | PLUTARCO

seu irmão[75], porque ele era mais velho, mas cedeu-lhe a oportunidade e permaneceu ao seu lado; e Polideuces não somente não quis ser um deus, mas também cedeu sua metade a seu irmão, e dividiu a sua parte mortal com ele, para que ele compartilhasse sua imortalidade.[76] Alguém poderia dizer: "– Mas a ti, ó bem-aventurado, é possível tornar semelhante e adornar a outro sem que em nada reduzas os teus bens presentes, tal como tu desfrutas da luz solar, da reputação em volta de ti, ou da virtude, ou da boa sorte". Tal como Platão fez com os seus irmãos quando compôs as suas mais belas obras, colocando os nomes deles em seus escritos, Gláucon e Adimanto na *República*, Antifonte, o mais jovem, em *Parmênides*.

484F ·

13. Ainda, tal como as desigualdades acontecem nas naturezas e nos destinos dos irmãos, do mesmo modo é impossível a um superar por completo o outro em tudo. Pois dizem que os ele-

---

[75] Plutarco, *Vida de Luculo*, I, 1-4.

[76] Conforme o mito, Castor e Polideuces (que também é conhecido pelo nome romano de Pólux) travaram um combate contra seus primos na região da Arcádia, quando Castor foi morto por Idas, enquanto Polideuces lutava contra Linceu. Em retaliação, Zeus lançou seu raio fulminante em Idas e levou Polideuces para o Olimpo. No entanto, Polideuces não aceitou a imortalidade concedida por Zeus, seu pai, pois queria o seu irmão, que estava no Hades (Casa dos mortos), de volta. Então, Zeus solicitou ao seu irmão Hades que lhe enviasse Castor, mas o Deus dos mortos não permitiu que Castor retornasse ao plano dos vivos. Assim, Zeus convenceu seu irmão a permitir que ambos ficassem juntos no Hades e no Olimpo em dias alternados. Portanto, vemos que não foi por acaso que Plutarco escolheu os Dióscoros como exemplo de amor fraterno. Quanto à denominação de deuses, em outra versão do mito, quando Castor morreu, após Polideuces ter recusado a imortalidade, Zeus transformou ambos em uma constelação, a de Gêmeos, cujo símbolo também remonta à imagem descrita por Plutarco nas primeiras linhas deste tratado.

Do amor fraterno | 47

485A · mentos nasceram de uma única matéria, por isso têm capacidades mais opostas; mas de dois irmãos nascidos de uma única mãe e do mesmo pai, ninguém viu um, como o sábio[77] do Pórtico[78], ao mesmo tempo belo, agradável, livre, honrado, rico, hábil em discursar, culto e filantropo, enquanto o outro é feio, desgraçado, servil, desonrado, miserável, fraco em discursar, ignorante e misantropo; mas, de qualquer modo, existe nos mais inglórios e vis algum quinhão de graça, ou de capacidade, ou de natural para alguma coisa bela,

que pelos cardos e pelo espinhoso onônis
crescem flores suaves e brancas.[79]

485B · Portanto, aquele que parece ter mais dessas qualidades em outras circunstâncias, se não impede, nem oculta, nem expulsa seu irmão do grupos dos ilustres, tal como se estivessem em uma disputa, mas o recebe e o mostra muitas vezes como melhor e o mais valioso, sempre afastando o pretexto da inveja, tal como uma matéria pelo fogo, este será consumido, mas, principalmente, não lhe permitirá tomar nascimento nem confirmação.

---

[77] Zenão, 335-263 a.C., fundador do estoicismo.

[78] Em grego, Στοά (*Stoá*) significa literalmente "pórtico" ou "galeria de colunatas", mas por Zenão ter ensinado em local conhecido como Στοὰ Ποικίλη (*Stoà Poikílē*), ou "Pórtico Pécilo", sendo que Ποικίλη (*Poikílē*) significa "ornamentado com pinturas", de onde alguns o chamam de Pórtico Pintado. Em razão disso, Στοά (*Stoá*), ou Pórtico, foi o nome pelo qual ficou conhecida a escola filosófica de Zenão, que foi o berço do Estoicismo, e o próprio Zenão teve seu nome divulgado como o filósofo do Pórtico.

[79] Ateneu, *Banquete dos sábios*, 94D.

48 | PLUTARCO

E ele, como um aliado nesses momentos, julga-se mais forte que o irmão, sempre dando um conselho ao irmão, também um sinal, tal um advogado nos julgamentos, sendo um cidadão entre os magistrados nas ações amistosas, mas para dizer concisamente, não negligenciá-lo nem abandoná-lo para sustentar a glória de um feito, mas mostrar que ele participa de todas as coisas belas, estando ao seu lado quando está presente e esperando-o quando está ausente; em suma, mostrar que seu irmão é capaz de fazer algo não inferior, é menos inclinado à glória e ao poder, e que lhe acrescentará grandes coisas, sem que retire nada de si mesmo.

485C ·

14. Alguém poderia aconselhar essas coisas àquele que é superior. Ao inferior, que deve voltar seu interesse ao que foi deixado de lado, que seu irmão não é único, mas é somente mais rico, ou mais erudito, ou mais brilhante que ele por sua reputação, mas que muitas vezes é ultrapassado por muitos e dez mil vezes dez mil,

quantos colhemos o fruto da vasta terra.[80]

Então, quer vague tendo inveja de todos, quer seja o único entre tantos que prosperam, o mais querido e consanguíneo aborrece-o, não deixa para o outro o seu excesso de infelicidade. Tal como Metelo[81] pensava que os romanos deviam ser gratos aos deuses

485D ·

---

[80] Simônides. *Diehl. Anthologia lyrica Graeca.* Leipzig: *Teubner,* 1936. Fr. 4.

[81] Cecílio Metelo, conhecido como Metel Macedônico, século II a.C., foi eleito cônsul em 143 a.C., e fazia oposição aos irmãos Gracos e a Cipião Africano. Metelo anexou a Macedônia ao Império Romano em 148 a.C., depois retornou a Roma homenageado com um triunfo e erigiu o Pórtico dos Metelos.

porque Cipião[82], um homem com tal reputação, não tinha nascido em outra cidade; desse modo, que cada um glorifique a si próprio, sobretudo, de distinguir-se por seu bom êxito, exceto de seu irmão possuir a capacidade e a excelência que são invejados. Mas uns que nascem tão sem destino para o que é belo, de modo que se alegram com os amigos gloriosos e de grande mente, eles têm hóspedes governantes e ricos, mas consideram que as qualidades brilhantes de seus irmãos apagam as suas próprias, e exaltam os sucessos dos pais e as afamadas estratégias militares dos seus avôs, dos quais não usufruiu nem compartilhou, mas sentem-se inferiores e desonram as célebres núpcias, os altos cargos e as posses dos irmãos. Todavia, não deveriam sentir inveja de nenhuma outra coisa em especial, caso contrário, que possam voltá-la para fora e afastar o ciúme uns dos outros, tal como os que arrastam as dissensões internas porta afora com suas guerras: "pois tenho muitos troianos ilustres como aliados, e tu tens muitos aqueus"[83], que por natureza sentem inveja e alimentam rivalidades.

15. É preciso que o irmão não se incline, como uma balança, para o lado contrário, contendo-se quando ele elevar a voz, mas, tal como os números menores multiplicam os maiores e também estes são multiplicados, para aumentar e ao mesmo tempo ser aumentado com coisas boas. Pois nem quem é escritor nem harpista tem menos dedos nas mãos, nem aquele que não é

---

[82] Públio Cornélio Cipião, conhecido por Cipião Africano, século II a.C., conquistador da Espanha, da África e da Ásia Menor, exerceu grande influência no pensamento de expansão do Império Romano.

[83] Homero, *Ilíada*, VI, 227.

50 | PLUTARCO

capaz de fazer isso por natureza, mas todos os dedos movem-se
486A · juntos e de qualquer maneira auxiliam uns aos outros, tal como
nasceram o melhor possível desiguais e o seu coletivo tornou-os
os mais fortes e melhores possíveis por causa das suas diferenças. Assim também Crátero[84], que era irmão do rei Antígono[85], e
Perilau[86] de Cassandro[87], que se ocupavam com a estratégia militar e a vigilância do palácio deles; mas os Antíocos[88] e Selêucidas[89]
e novamente os Gripos[90] e Cizicenos[91] pela segunda vez disseram
que não conheciam os irmãos, mas a púrpura e o diamante,[92] e

---

[84] Filho de Crátero e de Fila, séculos IV-III a.c., meio-irmão de Antígono Gô-
natas por parte de mãe.

[85] Filho de Demétrio Poliorcetes e de Fila, 320-239 a.c., rei da Macedônia.

[86] Conforme a indicação de Plutarco, é irmão de Cassandro, séculos IV-III a.c.,
filho de Antípatro. Desconhecemos o nome de sua mãe.

[87] Filho mais velho de Antípatro, cujo nome da mãe nos é desconhecido,
355-297 a.c. Cassandro foi rei da Macedônia, tornando-se famoso por ter
combatido contra a Grécia e ter-se tornado seu dominador em 319 a.c., também por ter orquestrado o assassinato da mãe de Alexandre, a rainha Olímpia,
quando este invadiu Pela, estendendo seu poder da Macedônia até Epiro.

[88] Plutarco refere-se aos reis descendentes do general Seleuco, que se tornou o
primeiro rei selêucida.

[89] Seleuco I Nicátor, 358-281 a.c., depois de disputar o poder com seus irmãos,
foi o fundador da dinastia dos Selêucidas em 311 a.c.

[90] Filhos de Demétrio II e de Cleópatra Teo, o mais novo assumiu o nome de
Antíoco VIII Filometor, também conhecido por Antíoco VIII Gripo (o epíteto
Gripo vem do adjetivo grego γρυπός [grypós], que significa "de nariz adunco"),
que, depois de divergência com seu meio-irmão, decidiu dividir o Império Selêucida entre eles, em 116 a.c.

[91] Descendentes dos reis da Mísia, da cidade de Cízico, na região da Anatólia.
Não dispomos de mais informações a respeito; a julgar pelo relato de Plutarco,
estes disputaram o poder entre si.

[92] Paramentos típicos dos reis que usavam roupas púrpuras e coroas de dia-
mantes.

DO AMOR FRATERNO | 51

ofereceram uns aos outros muitos males e também encheram a Ásia de muitos males. Visto que, sobretudo, nos ambiciosos de caráter, nascem os invejosos e os ciumentos para terem mais reputação e honra, é o mais para isso é que os irmãos não adquiram nem as honras nem os poderes dos mesmos projetos, mas de um diferente do outro. Pois existe guerra dentre os animais selvagens que se alimentam das mesmas presas que os outros, também dentre os atletas existem rivalidades entre os que competem nas mesmas categorias atléticas, mas os pugilistas são amigos dos que praticam o pancrácio, os fundistas são favoráveis aos lutadores, exercitam-se juntos e demonstram zelo uns pelos outros. Por isso, entre os Tindáridas[93], Castor[94] foi vencedor no pugilato e Polideuces na corrida. Homero fez bem ao compor Teucro[95] afamado arqueiro, enquanto seu irmão destacava-se entre os hoplitas, "ele o escondia com seu escudo brilhante"[96]. E dentre os que exerciam atividades políticas, os generais não sentem em absoluto inveja dos demagogos; nem dentre os retóricos, os advogados dos sofistas; nem dentre os médicos, os que estão em dieta médica aos cirurgiões, mas também recebem suas instruções e os recomendam. É proveniente da mesma arte ou da capacidade, buscar o que existe de ilustre e notável nos irmãos, em nada difere nos

486B

486C

---

[93] Outro nome dado aos Dióscoros por conta de seu pai mortal que se chamava Tíndaro, herói de Esparta, que foi ressuscitado por Asclépio.

[94] Irmão gêmeo de Polideuces. Consultar a nota sobre os Dióscoros em 478A.

[95] Herói do ciclo troiano, filho de Télamon e de Hesíone, que era filha de Laomedonte e irmã de Príamo. Meio-irmão do herói Ájax, portanto, pertence à família real de Troia. É mais jovem que seu irmão e considerado o melhor arqueiro do exército grego. Embora Príamo seja seu tio, Teucro participa da Guerra de Troia ao lado de seu meio-irmão Ájax.

[96] Homero, *Ilíada*, VIII, 272.

52 | PLUTARCO

momentos de fraqueza quando ambos amam uma única e mesma mulher e querem ter mais importância e serem mais honrado que o outro. Então, aqueles que caminham por vias diferentes não são nada úteis uns aos outros, enquanto os outros que utilizam diferentes modos de vida afastam de si a inveja e auxiliam-se mais uns aos outros, como Demóstenes[97] e Cares[98], e outra vez Ésquines[99] e Eubulo[100], Hiperides[101] e Leóstenes[102]; uns discursavam ao povo e escreviam leis, enquanto os outros exerciam atividades militares e as praticavam. Por isso, devemos afastar o mais longe possível os que se voltam para os desejos e as ambições pela fama dos irmãos sem a inveja nem a capacidade de compartilhá-la, porque não é de sua natureza; para alegrarem-se uns com os outros por serem prósperos, mas não se entristecerem.

---

[97] Célebre orador ateniense, 384-322 a.c., compôs inúmeros discursos, dentre os mais conhecidos são os proferidos contra a dominação macedônia, intitulados *Filípicas*. Sobre os eventos da vida pública e os acontecimentos da vida privada de Demóstenes, consultar: Plutarco, *Vida de Demóstenes*.

[98] General ateniense, século IV a.c. Travou muitas batalhas contra os persas, sendo mais conhecido por suas batalhas contra o rei Filipe II da Macedônia, na Trácia, no Helesponto e em Queroneia, entre 353 e 338 a.c., quando capitulou para Sigeu.

[99] Natural de Esfeto, um demo ateniense, 425-350 a.c., ainda jovem tornou-se discípulo de Sócrates.

[100] Político ateniense, século IV a.c., contribuiu financeiramente para o fortalecimento das frentes militares atenienses contra Filipe II, em 348 a.c. O historiador Teopompo o classifica como o maior demagogo de sua época.

[101] Orador ático, 390-322 a.c., discípulo de Isócrates e de Platão, conhecido por ser opositor feroz da dominação macedônica.

[102] General ateniense, século IV a.c., conhecido por ter comandado um grande exército de mercenários sem contratação na cidade de Tênero, em 324 a.c., dos quais enviou oito mil para Atenas, que Hiperides contratou para a proteção da cidade.

16. Devemos proteger-nos de tudo isso que é próprio de

486E · parentes e de familiares e de sua mulher, quando, por nosso amor à glória, ataca-nos com discursos perversos: "– O seu irmão conduz e suporta tudo, também é admirado e lhe dispensam cuidados, enquanto ninguém aproxima-se de ti nem tens qualquer sinal de respeito." "Eu tenho", alguém bem intencionado poderia dizer, "um irmão que é famoso e que compartilha comigo grande parte do seu poder". Pois Sócrates[103] dizia que desejava mais ter Dario[104] como amigo que um dárico[105], e para um irmão que tem inteligência, não é um bem menor que a riqueza, o poder e eloquência um irmão governando, ou dentre os ricos, ou de discurso poderoso para alcançar a fama. Mas essas desigualdades devem ser muitíssimo suavizadas.

486F · Mas outras diferenças logo nascem com relação à idade entre os irmãos sem educação. Acertadamente, os mais velhos sempre julgam que comandam os mais novos, que os protegem, que têm mais reputação em tudo, que são fortes nas dificuldades e angústias, e os mais jovens, por sua vez, desdenham-nos e diminuem-nos em importância, porque são rebeldes e ousados. Por causa disso, uns evitam-nos porque são invejosos e desde-

487A · nhosos, também porque toleram mal as advertências, outros por-

---

[103] Sócrates nasceu em Atenas em 469 a.C., local em que divulgou seus pensamentos filosóficos até ser acusado de negar a existência dos deuses e corromper a conduta dos jovens, quando foi condenado a beber cicuta em 499 a.C.

[104] Filho de Histaspes, não se sabe o nome de sua mãe. Dario, soberano da Pérsia, reinou de 550 a 485 a.C. e ficou conhecido como Dario, o Grande, por ter sido o conquistador de grande parte da Ásia, do Cáucaso e da África, incluindo o Egito, as ilhas do Mar Egeu, o norte da Hélade, a Macedônia e a Trácia.

[105] Moeda de ouro introduzida no reinado dos Aquemênidas pelo rei Dario I, equivalia a 8,4 gramas de ouro.

que sempre almejam a sua superioridade e temem o crescimento daqueles, como se fosse a ruína de si mesmos. Então, tal como tendo com base em um favor, julgam que aqueles que recebem devem pensar que o favor é maior e aqueles que concedem devem pensar que este é menor; desse modo, com relação ao tempo de vida, alguém poderia aconselhar ao mais velho que não se considere muito mais velho e o mais novo que não se considere muito menos novo, para que não seja desprezado nem despreze, para que ambos possam libertar-se da negligência e do descuido. Visto que é conveniente ao mais velho que se preocupe, guie e aconselhe o irmão mais novo para honrar, emular e obedecer a seu 487B · irmão, tenha o cuidado daquele mais pelo companheirismo que pelo paternalismo, a persuasão mais que a imposição, e alegria pelas ações bem-sucedidas, falar com um tom incentivador para aquele que está sendo censurado; sempre que ele errar, também puni-lo demonstrando mais boa vontade e um sentimento mais humano; que exista zelo na imitação do mais novo, que não seja seu rival; pois a imitação é própria de quem admira, enquanto a rivalidade é própria de quem sente inveja. Por isso, querem bem os que desejam ser semelhantes, mas reprimem e maltratam os que desejam ser iguais. Entre as muitas honras que convêm aos jovens conceder aos mais velhos, a obediência tem mais repu- 487C · tação e alcança os seus objetivos com respeito para conceder a vigorosa benevolência e a gratidão. Pelo qual também Catão[106], porque seu irmão Cepião[107] era o mais velho, logo desde a infân-

---

[106] Márcio Pórcio Catão, século I a.C., por ter nascido em Utica, era conhecido como Catão Uticense, também chamado de Catão, o Jovem.

[107] Quinto Sevílio Cepião, século I a.C. Sabemos por intermédio de Plutarco que ele foi tio e pai adotivo de Bruto (*Vida de Bruto*, I, 5), bem como meio- -irmão de Catão, o Jovem (*Vida de Catão*, I, 1).

Do amor fraterno | 55

cia demonstrava-lhe cuidado por meio de sua obediência, sua gentileza e seu silêncio; por fim, assim que ambos estavam na sua idade adulta, já homens, encheu-se de tamanho respeito pelo outro, que não fazia nem falava nada que sem que o outro não soubesse. Portanto, Catão lembra que um dia Cepião selou uma carta com um testemunho e Catão, que havia chegado depois, não quis selá-la; Cepião retirou o seu próprio selo da carta porque foi informado sobre o que acontecera antes com 487D · seu irmão, que este não acreditou no selo, mas suspeitou do testemunho. E muito respeito era demonstrado pelos irmãos de Epicuro[108] por causa da sua benevolência e do seu cuidado, também se entusiasmavam por seus outros assuntos e a sua filosofia. Pois, se estavam enganados em sua opinião, foram convencidos logo desde a infância e dizem que ninguém nasceu mais sábio que Epicuro, e é digno de admirar tanto quem os dispôs como também os que se dispuseram a isso. Sem dúvida, não somente, mas também entre os filósofos mais recentes, Apolônio,[109] o peripatético,[110] questionou quem dizia que sua fama não era compartilhada com ninguém, quando tornou mais famoso que

---

[108] Nascido na ilha grega de Samos em 341 a.c., o filósofo dirigiu-se a Atenas para desenvolver suas teorias e dar início à Escola Filosófica Epicurista, permanecendo lá até sua morte, em 270 a.C.

[109] Personagem citada somente por Plutarco, sendo esta a única referência que faz a Apolônio, o peripatético.

[110] Membro da Escola Peripatética, nome pelo qual ficou conhecida a escola fundada por Aristóteles, daí os seus discípulos serem conhecidos como peripatéticos. O termo grego περιπατητικός (peripatētikós), que dá nome ao filósofo peripatético, tem sua origem na palavra περίπατος (perípatos), que significa "idas e vindas", "caminhada", e este nome aplica-se aos discípulos de Aristóteles porque o filósofo tinha o hábito de caminhar com seus alunos enquanto ensinava os seus preceitos filosóficos.

56 | PLUTARCO

ele o seu irmão mais novo Sócion[111]. Pois, para mim, porque mui-
487E · tas coisas valiosas acontecem pelo favor da sorte, tenho a benevolência de meu irmão Tímon[112], e além de todas as outras coisas
que me aconteceram, ninguém entre nós, os que me são próxi-
mos, ignora isso, muito menos vós, os amigos.

17. Assim, outros sentimentos devem ser observados
também quando se tem uma idade próxima à dos irmãos, peque-
nos, mas contínuos, e muito repetidos, também provocam um
cuidado perverso de magoarem-se e agirem em todas as circunstâncias com um ódio incurável e com malevolência. Pois, quando
começam a divergir por coisas infantis, pela criação e a competição de seus animais, por exemplo, das codornas ou dos galos,
487F · depois pelas lutas das crianças nas palestras, e entre os animais
selvagens, nas caçadas entre os cães e nas competições entre os
cavalos, não podem mais dominar entre os melhores nem cessar
sua disputa e seu amor pelas honrarias. Tal como entre os gregos
mais poderosos de nosso tempo, dividem-se empenhados entre
os dançarinos e depois os citaristas, por isso sempre emparelham-
-se nas piscinas, nos pórticos e nos salões masculinos dos ban-
quetes em Edepso[113], ocupando pontos estratégicos, cortando
e desviando dos canais hídricos, e tornam-se tão desesperados e

---

[111] Historiador da filosofia, século II a.C., escreveu uma classificação dos filósofos da Escola Iônica, cujo título é conhecido como *Da sucessão dos filósofos*.

[112] Não dispomos de mais informações sobre o irmão de Plutarco; apenas sabemos, por intermédio de seu tratado *Assuntos de Banquete*, que Tímon orga-
nizou um banquete para amigos e parentes (615C).

[113] Cidade localizada na Eubeia, famosa por suas termas conterem águas sul-
furosas, consideradas fontes de saúde e de rejuvenescimento.

DO AMOR FRATERNO | 57

488A · corrompem-se, de modo que são completamente aniquilados pelo tirano, tornam-se exilados e pobres, falta pouco para afirmar que se tornaram outros homens com relação ao que eram antes, por uma única razão: permaneceram os mesmos pelo ódio que sentiam uns pelos outros. Por isso, não se deve combater muito por coisas pequenas e passadas, insinuando a disputa e a rivalidade, mas exercitando-se para ceder, deixar-se vencer e ser agradável, mais para alegrá-los que para sair vitorioso. Pois os antigos não relataram outra vitória cadmeia[114], mas a dos irmãos de Tebas foi a mais vil e vergonhosa. E o que, então? Os acontecimentos

488B · não trazem muitos pretextos de contradições e divergências, também os que parecem ser comedidos e agradáveis? E mais! Mas também aqui deve-se estar vigilante para que os acontecimentos lutem por si mesmos, que não exista nenhuma paixão vinda da disputa nem da cólera, sem acrescentá-los como um anzol lançado, mas observem juntos, tal como no braço da balança, a inclinação do que é justo e ultrapassando mais rápido os julgamentos e as avaliações, e as purifiquem antes de mergulhá-las, tal como uma tinta ou uma mancha indelével e difícil de lavar. Logo devemos imitar os pitagóricos, os que não pertencem a nenhuma

488C · família, mas compartilham uma teoria comum, se um dia fossem levados à injuria pela cólera, antes de cair o sol, eles se despediam lançando bons augúrios uns aos outros e acolhendo-se com

---

[114] Vitória cadmeia tornou-se uma expressão proverbial para assinalar que o vencedor termina em situação pior que a do vencido, uma vez que os custos do vitorioso são maiores que os dos derrotados. A expressão deriva da Vitória de Cadmo, que nos remete à luta dos Sete Contra Tebas, em que os descendentes de Cadmo e filhos de Édipo, Etéocles e Polinices terminam mortos em frente aos portões da cidade de Tebas. Há uma peça de Ésquilo intitulada *Sete contra Tebas*, na qual o tragediógrafo relata esse episódio.

58 | PLUTARCO

alegria. Como nada é mais terrível quando existe um abcesso com febre, se ele permanece inalterado, parece que é uma doença e tem uma origem mais profunda, assim é a dissensão entre os irmãos depois de um assunto que ela cessa, pois é própria do assunto, mas se há a sua permanência, é porque havia um pretexto, porque o a questão tinha um motivo ilusório e maldoso.

18. Convém informar-se sobre a sentença dos irmãos bárbaros, que não ocorreu por um pedaço de terra nem por escravos 488D · ou ovelhinhas, mas pelo Império Persa. Após a morte de Dario, uns julgavam que Ariâmenes[115] deveria reinar, por ser o mais velho da linhagem, outros julgavam que Xerxes deveria reinar, porque sua mãe era Atossa[116], filha de Ciro[117] e que ele já havia nascido como rei Dario.[118] Ariâmenes então veio da terra dos medos sem polêmica, mas estava calmo, apoiado na justiça, mas Xerxes

---

[115] Filho mais velho de Dario, século V a.C., meio-irmão de Xerxes. Segundo Heródoto, Livro VII, 97, o nome do filho mais velho de Dario era Ariabignes, não Ariâmenes, como afirma Plutarco. O historiador conta que ele era filho de Dario com a filha de Góbrias, e que Ariabignes foi comandante da frota naval dos persas na Batalha de Salamina. Plutarco também faz referência ao seu nome na biografia do político ateniense Temístocles. Consultar: *Vida de Temístocles*, XIV, 3.

[116] Filha de Ciro, esposa de seu irmão Esmérdis, depois Dario I, portanto rainha da Pérsia no século V a.C.

[117] Rei da Pérsia entre 559-530 a.C., recebeu o epíteto de "o Grande" por ter conquistado todos os povos vizinhos e fundado o Império Aquemênida, o maior de seu tempo.

[118] Plutarco também relata este episódio em seu tratado *Ditos de reis e de generais*, 173B-C. Em suas *Histórias*, VII, 2, Heródoto relata a sucessão ao trono persa de uma forma diferente. O historiador conta que Xerxes pleiteou o trono como filho de Atossa, filha de Ciro, que Ciro havia dado a liberdade aos persas e que o lugar era dele por direito.

estava presente e fazia o que convinha a um rei. Depois de seu irmão ter chegado no palácio, colocou ao seu lado o diadema e inclinou a tiara, que os reis carregavam reta, foi ao seu encontro e saudou-o, enviou-lhe presentes e ordenou anunciar aos que o acompanhavam que: "– Com essas coisas, agora o teu irmão Xerxes honra-te; e se fores proclamado rei pelo julgamento e pelo voto dos persas, concede-te ser o segundo lugar depois dele.". E Ariâmenes respondeu: "– Eu recebo os teus presentes, mas considero que a realeza dos persas convém a mim. Guardarei depois da minha honra a dos meus irmãos, a Xerxes como o primeiro dos irmãos.". Depois que o tribunal para o julgamento foi estabelecido, os persas escolheram Artabano[119], que era irmão de Dario, para ser o juiz pela reputação que tinha entre eles, mas Xerxes escapava do que fora julgado por ele, acreditando no povo. Atossa, a mãe, castigou-o: "– Por que foges, Artabano, meu filho, se és o tio e o melhor dentre os persas? Por que temes tanto a disputa, se existem coisas belas quando se está em segundo lugar, ser julgado um irmão do rei dos persas?". Então, após Xerxes ter sido convencido, quando os discursos foram proferidos, Artabano revelou que a realeza convinha a Xerxes, Ariâmenes logo saltou e moveu-se em direção ao irmão e tomou--lhe sua mão direita e o sentou no trono régio. A partir de então, foi o melhor junto a ele e lhe proveu com sua benevolência, de modo que esteve entre os melhores na batalha naval

---

[119] Nascido na Hircânia, general e nobre persa. Artabano foi comandante das tropas persas nas Guerras Persas e na Batalha de Maratona, a serviço de Dario I e de Xerxes I. Em suas *Histórias*, Heródoto afirma que Artabano era persa, irmão e conselheiro de Dario (IV, 83), e ainda se tornou conselheiro de Xerxes (VII, 10-12).

60 | PLUTARCO

489A · de Salamina[120] e tombou em defesa da reputação daquele. Portanto, que isso seja estabelecido tal como um modelo puro e irrepreensível de benevolência e de generosidade. Alguém poderia censurar o amor por ser rei de Antíoco[121], mas poderia admirar se o amor ao seu irmão não fosse completamente eclipsado por isso. Pois guerreou pelo reinado dado a Seleuco[122], mesmo sendo o seu irmão mais novo e tendo em comum a mesma mãe. Quando a guerra estava em seu ápice, Seleuco reuniu seu exército para uma batalha contra os gálatas e foi derrotado por eles; mas ele não foi visto em lugar nenhum onde se pensava que tivesse sido morto, quando seu exército foi completamente massacrado pelos bárbaros. Depois de ter sido informado sobre o acontecido, Antíoco largou a vestimenta púrpura

489B · e pegou um manto acinzentado, e após ter trancado as portas do palácio, ficou de luto pela morte de seu irmão; mas, pouco tempo depois, quando ouviu que seu irmão estava a salvo e que reunia novamente outra força militar, ele saiu para realizar sacrifícios aos deuses e ordenou às cidades que ele governava que também fizessem sacrifícios e que carregassem a coroa. Os atenienses, que estranhamente forjaram um mito sobre a luta

---

[120] Batalha ocorrida na ilha grega de Salamina, situada na costa da Ática, em 480 a.c., na qual os gregos liderados por Temístocles combateram contra os persas liderados por Xerxes, de onde os gregos saíram vitoriosos. Plutarco relata o episódio no décimo quarto capítulo de sua biografia de Temístocles.

[121] Antíoco III, o Grande, rei selêucida, 223-187 a.C., era o filho mais jovem de Seleuco II. Foi declarado rei após a morte de Seleuco, seu irmão mais velho.

[122] Seleuco III Cerauno, 243-223 a.C., reinou apenas por três anos, quando foi assassinado à traição na Frígia, morto por um gálata chamado Nicanor.

DO AMOR FRATERNO | 61

existente entre os deuses[123], mesclaram-lhe uma correção que não foi insignificante para sua singularidade. Pois sempre suprimem o segundo dia[124] do boedrômio[125], porque teria sido naquele dia que aconteceu a divergência entre Posídon[126] e Atena[127]. Então, o que nos impede quando estamos em divergência com familiares e parentes, e estabelecermos neste dia um momento de esquecimento e considerá-lo como um dentre aqueles dias malditos, mas que não devemos esquecer, por causa de um único dia, que existiram muitos e bons dias nos quais fomos criados e que vivemos juntos? Ou foi em vão e para nada que a natureza deu-nos amabilidade e moderação nas paixões, rebento da resignação, ou

489C ·

---

[123] Plutarco refere-se ao mito da origem da escolha de Atena como deusa protetora da cidade. Segundo contam os atenienses, Atena e Posídon disputaram para ser o deus protetor de Atenas. Então, Posídon lançou seu tridente na acrópole e fez nascer um mar, um poço de água salgada situada no Erectreu; Atena, por sua vez, plantou uma oliveira no solo de Atenas, tendo Cécrops como testemunha. E diante da querela de ambos, Zeus foi convocado para fazer o julgamento, que delegou a todos os deuses que fizessem a escolha, quando Atena foi então declarada a padroeira da cidade. Em represália, Posídon enviou uma inundação para a Ática e iniciou a inimizade entre os dois deuses.

[124] Esta é uma pergunta que se repete em seu tratado *Assuntos de banquete*, 740F-741B, a questão número seis que está incompleta.

[125] Nome dado a um dos meses do calendário ateniense, que equivale ao nosso mês de setembro. O nome boedrômio é dado por causa das Boedrômias, festividade ateniense em que se comemora a vitória de Teseu sobre as Amazonas.

[126] Deus dos mares, filho de Crono e Reia. Como deus do mar, tem o poder de controlar as ondas, as tempestades, as marés, os rios e os lagos, e ainda criar fontes, tudo com o toque de seu tridente.

[127] Filha de Zeus e Métis, foi engolida por Zeus após ser concebida, por conta de um oráculo que o alertava sobre o perigo de ter um filho, pois seria ele quem destronaria Zeus. Então, Atena foi costurada na cabeça de seu pai, para que findasse sua gestação.

62 | PLUTARCO

devemos usar mais essas qualidades com os parentes e familiares.
Mas não menos que conceder o perdão quando eles cometem um
erro, pedir-lhes perdão e recebê-lo quando nós próprios cometemos um erro, assim mostra-se benevolência e ternura. Por isso,
não devemos descuidar daqueles que estão encolerizados nem
aceitarmos quando eles nos pedem desculpas, mas também nos
anteciparmos frequentemente quando nós próprios cometemos
489D · um erro e pedirmos perdão pela cólera, e devemos mostrar nossa
disposição para o perdão quando nós mesmos somos injustiça-
dos. Então, em suas lições, o socrático Euclides[128] é famoso porque, depois de ouvir uma fala imprudente e bruta de seu irmão,
respondeu-lhe: "– Que eu não pereça, se eu não puder vingar-te",
disse, "mas, eu, se não puder persuadir-te de cessares tua cólera e
amar-me como tu me amavas antes".[129] E esse é o feito do rei Êumenes[130], não um discurso, que não deixou a ninguém ultrapassá-
-lo em amabilidade. Pois Perseu[131], o rei da Macedônia[132], que é
seu inimigo, preparou homens para matá-lo; quando Êumenes
estava nas cercanias de Delfos[133], eles tentaram pegá-lo em uma

---

[128] Não dispomos de mais informações sobre esta personagem.

[129] Plutarco também conta esta anedota em seu tratado *Da ausência de cólera*, 462C.

[130] Natural de Cárdia, situada na região do Quersoneso, 362-316 a.c., com apenas vinte anos de idade exerceu o cargo de secretário particular do rei Filipe II da Macedônia, pai de Alexandre, o Grande.

[131] Rei da Macedônia, 179-168 a.c., filho mais velho de Filipe V.

[132] Região ao norte da Grécia que, após dominação romana, tornou-se a Província da Macedônia.

[133] Cidade grega conhecida por seu santuário localizado aos pés do Monte Parnaso e considerado o umbigo do mundo, que abrigava o santuário de Apolo, famoso por seus oráculos.

Do amor fraterno | 63

489E · emboscada, porque souberam que iria caminhar em viagem do litoral em direção ao santuário do deus[134]. Depois de terem se posicionado atrás dele, jogaram umas pedras grandes na sua cabeça e na sua nuca, tendo sido cegado por elas, caiu e pareceu que já estava morto; e a notícia percorreu todos os lugares, e alguns de seus amigos e servidores foram para Pérgamo[135], pensando que chegavam como mensageiros da tristeza. Então, Átalo[136], o mais velho dos seus irmãos, que era um homem moderado e o melhor de todos para Êumenes, não somente foi proclamado como rei, mas também recebeu o diadema, casou-se com Estratonice[137], a mulher de seu irmão, e teve relações sexuais com ela; mas depois

489F · de ter sido anunciado que Êumenes estava vivo e que havia retornado, guardou o diadema e pegou os seus dardos e lança, tal como estava acostumado, e posicionou-se em companhia dos outros lanceiros da guarda pessoal do rei. Então, Êumenes saudou-o apertando sua mão com benevolência[138] e saudou a rainha com estima e gentileza, e não muito tempo depois de ter sobrevivido de modo irrepreensível e sem qualquer suspeita mútua, morreu, tendo já recomendado sua mulher e seu reino a Átalo. Por que,

---

[134] Trata-se do santuário do deus Apolo em Delfos.

[135] Cidade grega localizada na Mísia, na região da Anatólia, onde estava localizada a Biblioteca de Pérgamo, construída pelo rei Êumenes II, século II a.C., um importante centro de expansão da cultura e da ciência gregas, ultrapassada somente pela Biblioteca de Alexandria.

[136] Átalo II Filadelfo, 159-138 a.C., cujo epíteto significa "o que ama o irmão", por ter sido prestativo e amigo com seu irmão Êumenes II.

[137] Não dispomos de mais informações sobre esta personagem.

[138] Plutarco faz um jogo de palavras entre o nome do rei Εὐμένης (*Euménēs*), isto é, Êumenes, com o advérbio εὐμενῶς (*eumenōs*), "com benevolência", visto que tanto o nome quanto o advérbio derivam do substantivo εὐμενής (*eumenḗs*), que significa "benevolente".

então, ele? Após a morte de seu irmão Êumenes, Átalo não quis erguer nem um único filho que teve com sua mulher,[139] embora ela tenha dado à luz muitas vezes, mas criou o filho que era de seu irmão que, quando atingiu a idade adulta, e ele ainda estava vivo, entregou-lhe o diadema e o proclamou rei. Mas Cambises[140], temendo a visão que tivera em sonho que seu irmão[141] se tornaria o rei da Ásia, não esperou por qualquer prova disso para matá-lo. Por isso, o governo da sucessão de Ciro caiu depois de sua morte e a linhagem de Dario tornou-se regente, porque este homem soube partilhar não somente entre os irmãos e os amigos os seus assuntos políticos e o seu poder.

19. Assim, isso ainda deve ser lembrado e preservado nos momentos em que existem as divergências entre os irmãos, ter a companhia dos seus amigos e nesse momento, sobretudo, devem se aproximar, mas fugir dos inimigos; assim, nesses momentos, deve ser lembrado ainda o feito pelos homens cretenses: eles frequentemente revoltavam-se e combatiam uns com os outros, e voltavam de novo por dissolverem suas inimizades e colocarem-se uns aos lados dos outros; e isso era o que era chamado por eles de "sincretismo"[142]. Pois alguns, tal como a água, infiltram-se

---

[139] O ato de erguer o filho em público significava reconhecê-lo como seu herdeiro.

[140] Filho de Ciro, Cambises foi rei da Pérsia entre 530 e 522 a.C. Tornou-se notável por ter conquistado o Egito.

[141] Trata-se de Esmérdis. Heródoto afirma ambos serem filhos dos mesmos pai e mãe (*Histórias*, III, 30).

[142] O termo empregado por Plutarco é συγκρητισμός (*synkrētismós*), que, em sua origem, significa "a união dos cretenses" ou "coalisão de dois adversários

DO AMOR FRATERNO | 65

naqueles que cedem e dividem voltando-se contra as familiaridades e as amizades, odiando a ambos, atacando aquele que for mais dominado pela fraqueza. Pois, como aquele que ama os amigos, os jovens e inocentes compartilham desse amor, mas como aquele que se encoleriza com seu irmão e diverge dele, os mais maliciosos dos inimigos parecem ficar irritados e encolerizados com ele. Portanto, como a galinha de Esopo[143] disse para a gata, que, sob a máscara da boa vontade quando ela estava doente, enquanto obtinha informações de como ela estava, disse: "bem, quando tu te afastas"[144]; do mesmo modo, para um homem dessa natureza que lança um argumento em favor da discórdia, procurando informar-se sobre os assuntos secretos e cavando-os, é preciso dizer a esse alguém: "– Mas, quanto a mim, não tenho nenhum problema com o meu irmão, se nem eu presto atenção naqueles que caluniam, nem ele.". Mas, na realidade, não sei como, estando com os olhos adoecidos, devemos pensar em voltá-los para cores e corpos que não nos causam impressões pelos sentidos, nem nos são deslumbrantes à visão, mas enquanto estamos entre reprovações, cóleras e suspeitas com relação aos nossos irmãos, nos alegramos e associamo-nos àqueles que causam perturbações, quando o melhor a fazer é escapar dos inimigos e dos que nos são hostis e passar despercebido a eles, e ainda conviver e passar mais os nossos dias juntos com os parentes, familiares e

---

contra um terceiro", portanto diferente de nossa concepção atual do vocábulo, relacionada à fusão de culturas diferentes.

[143] Fabulista grego nascido talvez em Samos, pois não se sabe ao certo o local de seu nascimento. Esopo viveu entre os séculos VII e VI a.C., tendo sido assassinado em Delfos.

[144] Trata-se de uma versão da fábula "O gato médico e as galinhas", de Esopo.

66 | PLUTARCO

amigos do que com aqueles, tendo encontros e relações sexuais com suas mulheres, apresentarmos nossos motivos e fazermos uso da nossa liberdade de expressão. Entretanto, dizem que os irmãos não precisam encontrar pedras no meio do caminho pelo qual transitam, e uns se irritam quando encontram um cão correndo por ele, e sentem medo de outras coisas da mesma natureza, dentre as quais nenhuma separou o sentimento de concórdia entre os irmãos, mas esbarrando e dando encontrões em homens cínicos[145] e caluniadores, que não estão atentos.

490E ·

20. Por isso, como dá a entender o encadeamento do meu discurso, bem disse Teofrasto que "se existem coisas comuns entre os amigos; mais comuns devem ser os amigos dos amigos"!,[146] e não menos que isso poderia ser aconselhado a um dos irmãos. Pois as companhias e a convivência uns com os outros, em privado e em separado, afastam e separam uns dos outros; pois para amar os outros rapidamente segue-se o que agradar aos outros, também a emular os outros e ser afastado por outros. Pois as amizades moldam os caracteres, e não existe sinal maior da

---

[145] Note que Plutarco ressalta a semelhança existente entre o substantivo κύων (*kýōn*), "cão", e o adjetivo κυνικός (*kynikós*), "cínico", que deriva de κύων (*kýōn*), "cão", e pode também ser traduzido por "canino" ou "semelhante a um cão". O nome κυνικός (*kynikós*), "cínico", também é atribuído aos discípulos da Escola Cínica, que recebeu esse nome por seu fundador, o ateniense Antístenes (445-465 a.C.), ensinar sua doutrina filosófica no Cinosarges, ou "local em que se alimentam os cães" ou "cão rápido". Tal local era um ginásio construído para os atenienses que não tinham o título de cidadão por serem filhos de estrangeiras, prostitutas ou escravas, conhecidos como νόθοι (*nóthoi*), o adjetivo masculino plural de νόθος (*nóthos*), que significa "bastardo", "ilegítimo".

[146] Teofrastro, fr. 75, Wimmer.

DO AMOR FRATERNO | 67

490F · divergência de caracteres que a escolha de amigos que são diferentes. Por isso, nem alimentar-se, nem beber, nem divertir-se, nem passar o dia com um irmão são tão essenciais para a concórdia como amar e odiar juntos, deleitar-se com os mesmos indivíduos durante o seu convívio, e novamente enfastiar-se e fugir deles. Pois as amizades comuns não suportam acusações nem conflitos; mas, ainda que nasça algum tipo de cólera ou de reprovação, esta é abandonada quando passa pelo íntimo dos amigos, que a recebem e a dispersam, se forem comuns para am-

491A · bos e ambos convergirem por igual em benevolência. Pois como também o estanho que se adapta ao bronze despedaçado e nele se funde para atingir cada uma das suas extremidades, de maneira natural, porque existe a tendência para a sua combinação, assim também o amigo bem-adaptado e comum deve tornar-se ainda mais próximo pela benevolência; mas os que são desiguais e que não se mistura, como uma notação de notas musicais desunidas por dissonâncias não produz a conjunção de dois tetracordes. Portanto, é possível duvidar se está correto ou se o contrário o que Hesíodo disse:

um companheiro não faz nada semelhante a um irmão[147]

Pois o amigo comum que é compreensivo, tal como já foi dito, é mais mesclado a ambos, e será um elo de união para o amor

491B · fraterno; mas Hesíodo, como parece, temia a maioria dos amigos vulgares por causa de sua inveja e de seu amor-próprio. De fato, o que está bem, quando é preservado, ainda que se dis-

---

[147] Hesíodo, *Os trabalhos e os dias*, 707.

68 | PLUTARCO

tribua a mesma benevolência a um amigo, sempre deve guardar a primazia ao irmão nos cargos públicos e nos assuntos políticos e nos convites e nas relações sociais dos poderosos, também quantas coisas a maioria tem de ilustres e para a sua fama, devolvendo-lhes o que convém à sua dignidade e honra por natureza. Pois não é tão mais valioso nessas circunstâncias ao amigo, quanto para o irmão torna-se menos vergonhoso e inglório. Mas, a respeito desse pensamento, já foi escrito em outro lugar as coisas que penso, de modo mais extenso;[148] mas este verso de Menandro está correto: "Pois ninguém que ama vê-se descuidado com prazer",[149] que nos lembra e ensina que devemos cuidar dos nossos irmãos e não diminuí-los, confiando neles por natureza. Pois também um cavalo é por natureza amigo do homem e um cão é amigo do seu dono, mas se por acaso não houve cuidado nem preocupação com eles, tornam-se desprovidos de afeto e estranhos; também o corpo é o que tem mais afinidade com a alma, se for descuidado e negligenciado por ela, não quererá trabalhar junto com ela, mas lhe causará danos e abandonará suas atividades.

21. Mas o belo cuidado de seus próprios irmãos, e ainda mais belo é sempre apresentar-se com benevolência e boa vontade em todos os assuntos aos sogros e cunhados que àqueles, e saudar e ter sentimentos de benevolência com os escravos domésticos que demonstram amor ao seu senhor, e ter gratidão com os mé-

---

[148] Consultar 480A-C.

[149] Menandro, fragmento de uma peça desconhecida. Kock, *Com. Attic. Frag.* III, p. 213. Este fragmento também é citado por Plutarco em seu tratado *Da abundância de amigos*, 95D, publicado nesta Coleção Plutarco.

Do amor fraterno | 69

dicos que o trataram, os amigos confiáveis que, com boa vontade, suportaram-no durante uma viagem ou uma expedição militar; mas mulher legítima do irmão, como todas as coisas sagradas, ser o mais devoto, atencioso e respeitoso, ...[150] honrar o seu marido e falar bem dela, mas apoiá-la se ela for negligenciada e ser agradável quando ela estiver em dificuldade, e quando ela cometer algum erro, estar dentre os que são moderados para ajudar na reconciliação e encorajar o seu marido, ainda que alguma divergência origine-se em particular com ele, perguntar à sua mulher qual razão da discórdia e dissolver a acusação. Mas deve aborrecer-se principalmente com a condição de solteiro e a falta de filhos do irmão, exortando-o e censurando-o de todas as maneira para que contraia casamento e que atue em conformidade com os costumes das alianças matrimoniais; e quando tiver filhos, tanto ser mais visivelmente benevolente com seu irmão como honrar a sua mulher; e ser generoso com seus filhos, tal como fossem os seus próprios, e ser mais gentil e doce, para que quando cometerem algum erro da natureza dos jovens, não fujam nem sucumbam por causa do medo do pai ou da mãe, indo para o lado de companhias vulgares e sem valor, mas que tenham um recurso e um refúgio, ao mesmo tempo, tenham a compreensão pela benevolência e o perdão. Assim também, Platão afastou seu sobrinho Espeusipo[151] da total frouxidão e licenciosidade, não dizendo nem fazendo nada maléfico para ele, mas fugindo de seus pais quando sempre o censuravam e o reprovavam, trabalhando em si mesmo a calma

---

[150] Pequena lacuna do texto.

[151] Filósofo nascido em Atenas. Antes de morrer, Platão pediu ao sobrinho que chefiasse a sua Academia, e Espeusipo ocupou tal cargo de 347 a 339 a.C.

70 | PLUTARCO

e a benevolência para incutir-lhe grande respeito e zelo pela filosofia. Entretanto, muitos amigos acusavam-no de não advertir o rapaz; mas ele dizia que em muito o advertia para a vida e o seu modo de viver, ensinando-lhe a compreender as diferenças entre as coisas belas e as vergonhosas. Para Alevas[152], um tessálio que era arrogante e insolente, o seu pai era severo e tentava contê-lo, enquanto o seu tio pegava-o pela mão e o abraçava; e quando os tessálios enviaram favas grelhadas com seus votos para e escolha de seu rei ao deus[153] de Delfos, seu tio introduziu, escondido do seu pai, um voto em favor de Alevas; e quando a Pítia[154] escolheu esse, seu pai negou que tivesse introduzido uma fava em favor do filho, e para todos pareceu que tinha ocorrido alguma irregularidade nas inscrições dos nomes. Por isso, homens foram novamente enviados para perguntar outra vez ao deus; mas a Pítia, como havia confirmado a sua resposta anterior, disse:

> *sem dúvida, falo do homem de cabelos ruivos, o filho que gerou Arquedique*[155].[156]

---

[152] Nome de um mítico rei da Ftia, localizada na região da Tessália, cujos descendentes estabeleceram-se na cidade tessália de Larissa e receberam o nome de Alévadas. Não dispomos de informações precisas sobre esta personagem citada por Plutarco; sabemos apenas que Alevas viveu no século VI a.C.

[153] Trata-se do deus Apolo, filho de Zeus e Leto, irmão gêmeo da deusa Ártemis. É considerado o deus da adivinhação e da música, conhecido também por sua excepcional beleza física.

[154] Sacerdotisa de Apolo que cumpria o dever de pronunciar o oráculo do deus ao seu consulente.

[155] Não dispomos de mais informações sobre esta personagem.

[156] Aristóteles. *Constituição dos tessálios*, fr. 497, Rose.

DO AMOR FRATERNO | 71

E desse modo Alevas foi indicado como rei pelo deus, por causa do irmão de seu pai, e ele mesmo ultrapassou em muito todos os seus antecessores e conduziu o seu povo para um grande poder e glória. Mas, sem dúvida, quando se está alegre e orgulhoso pelos sucessos, honras e cargos dos filhos de um irmão, convém acrescentá-los, estimulá-los para as coisas belas e sem reservas elogiá-los quando agem corretamente; pois é igualmente ofensivo tecer elogios ao próprio filho, mas ao filho do irmão é notável; não demonstra amor-próprio, mas algo verdadeiramente nobre de sentimentos e divino. Pois eu penso que esse nome[157] também belamente guia os sobrinhos para a benevolência e o amor. Mas as ações dos que são superiores devem ser emuladas. Pois Héracles[158], que engendrou sessenta e oito filhos, não amou menos o seu sobrinho que eles; mas também hoje Iolau[159], em todos os lugares tem um trono com ele, e fazem orações chamando-o de ajudante de Héracles; e quando o seu irmão Íficles[160] tombou

---

[157] É interessante notar que θεῖος tanto pode significar "tio" como "divino", por isso Plutarco traça esse paralelo.

[158] Filho de Zeus e Alcmena, são inúmeras as histórias que envolvem o herói grego; dentre as mais famosas, está o ciclo dos Doze Trabalhos, façanhas executadas por determinação de seu primo Euristeu, como expiação pelo assassinato dos filhos que gerara com Mégara. Plutarco compôs uma biografia sobre o herói da qual nos resta apenas um fragmento recolhido por Robert Flacelière (fr. 8 Fl.).

[159] Filho de Íficles e de Automedusa, sobrinho de Héracles por parte de pai, acompanhou seu tio em todos os seus trabalhos, conduzindo o seu carro, ajudando-o em muitas circunstâncias. Ficou ao lado de seu tio até o fim de sua vida.

[160] Filho de Anfitrião e de Alcmena, irmão gêmeo por parte de mãe de Héracles. Embora compartilhassem o mesmo pai mortal, Héracles era filho de Zeus.

72 | PLUTARCO

na batalha da Lacedemônia[161], Héracles ficou muito triste e abandonou o Peloponeso. E Leucótea[162], depois de a sua irmã ter morrido, criou seu recém-nascido e o venerou como a um deus; por isso, as mulheres dos romanos nas festas de Leucótea chamam-na de Matuta[163], não pegam os seus próprios filhos nos braços, mas os de suas irmãs, e honram-nos.

---

[161] Região da Grécia localizada na Península do Peloponeso.

[162] Filha de Cadmo e de Átamas, Leucótea também era conhecida como Ino. Depois da morte de sua irmã Sêmele, mãe de Dioniso, convenceu sua mãe a criar o neto, que também era seu sobrinho. A coragem de Ino revela-se por ela não ter temido a cólera de Hera, pois Dioniso era filho de Zeus com Sêmele. No entanto, Ino e sua mãe Átamas não escaparam à fúria de Hera, que as enlouqueceu; em consequência disso, mataram todas as crianças da casa, filhos e netos. Ino lançou-se ao mar com um dos seus filhos, mas as divindades tiveram-lhe piedade e transformaram-na em uma das Nereides, uma divindade protetora dos navegantes e pescadores durante as tempestades.

[163] Mater Matuta é uma divindade romana primitiva, considerada a deusa da manhã ou da aurora. A sua festa era comemorada em 11 de junho, o dia da Matralia, na qual somente mulheres casadas uma única vez eram admitidas. Conforme a lenda, a deusa é a personificação de Leucótea, que teria chegado em Roma depois de ter-se atirado ao mar e ser transformada em divindade marinha.

BIBLIOGRAFIA

EDIÇÕES E TRADUÇÕES CONSULTADAS

PLUTARCH. *On brotherly love. Moralia*. Vol. VI. Translated by W. C. Helmbold. Cambridge/Massachusetts/London: Harvard University Press, 1939.

PLUTARCO. *Como distinguir o bajulador do amigo*. Tradução, introdução e notas de Maria Aparecida de Oliveira Silva. São Paulo: Edipro, 2015.

_____. *Do amor aos filhos*. Tradução, introdução e notas de Maria Aparecida de Oliveira Silva. São Paulo: Edipro, 2015.

_____. *Da abundância de amigos*. Tradução, introdução e notas de Maria Aparecida de Oliveira Silva. São Paulo: Edipro, 2015.

_____. *Da educação das crianças*. Tradução, introdução e notas de Maria Aparecida de Oliveira Silva. São Paulo: Edipro, 2015.

_____. *Da malícia de Heródoto*. Estudo, tradução e notas de Maria Aparecida de Oliveira Silva. São Paulo: Edusp, 2013. Edição bilíngue.

76 | BIBLIOGRAFIA

_____. *Sobre el amor fraterno*. Traducción, Introducción y Notas por Rosa María Aguilar. Madrid: Editorial Gredos, 1995.

PLUTARQUE. *De l'mour fraternel. Ouvres Morales*. Tome VII.1. Texte établi et traduit par J. Dumortier avec la collaboration de J. Defradas. 2. éd. Paris: Les Belles Lettres, 2003.

LIVROS, ARTIGOS E CAPÍTULOS DE LIVROS

DUFF, T. E. "Models of education in Plutarch". *The Journal of Hellenic Studies*, v. 128, 2008, p. 1-26.

RAPP, C. "The emotional dimension of friendship: Notes on Aristotle's account of *philia* in *Rhetoric* II 4". *Anuario Filosófico*, v. 46, 2013, p. 23-47.

SILVA, M. A. O. *Plutarco e Roma: o mundo grego no império*. São Paulo: Edusp, 2014.

_____. *Plutarco historiador: análise das biografias espartanas*. São Paulo: Edusp, 2006.

TSOUVALA, G. "Love and Marriage". In: BECK, M. (Ed.). *A companion to Plutarch*. Oxford/ Massachusetts: Blackwell, 2014, p. 191-206.

Este livro foi impresso pela Paym
nas fontes Minion Pro e Times New Roman sobre papel Norbrite 66,6 g/m²
para a Edipro no outono de 2019.